A PARIS
IMAGINE WALL PAINT
A PARIS
IMAGINE WALL PAINT

Natsumikumi
夏水組
InteriorCollection
インテリア・コレクション

坂田夏水

夏水組
インテリア・コレクション
c o n t e n t s

Chapter 1
NATSUMIKUMI《ナツミクミ》
—夏水組の仕事と、つながる人たちの話—

Chapter 2
RICCA《リッカ》
—シェアハウスRICCA 武蔵小金井の話—

Chapter3

DECORATION デコレーション

—インテリアのコーディネートやDIYの話—

はじめに

空間デザインの会社「夏水組《なつみくみ》」は、私が28歳のときに個人事業主から始めた事業です。

私は武蔵野美術大学の建築学科を卒業してから新築住宅の設計事務所に就職し、リノベーション工事を行う工務店に転職、その後買い取り転売をする不動屋に半年いました。そもそも不動産の仕事をする気持ちはなかったのですが、不動産業界のことが知りたかったので転職しました。がしかし、入社して半年後に不景気で倒産してしまい、転職か独立かという選択肢の中独立を選んだことで、今の夏水組があります。

28歳で独立して仕事をするということは、今考えると早すぎたなぁと思ってしまいますが、そのときの好奇心旺盛な私には希望しか見えていませんでした。というと大袈裟ですが、楽観主義なので苦しいことはなく、貧乏暇なしで楽しい毎日を送ってきました。

はじめは1年続けばいいかと思っていました。

独立したものの世間はそんなに甘くないし、自信を持ってお金をいただける知識もなければ、実力もありません。たくさん勉強して、教えてもらって、吸収しました。

最初は工務店時代・不動産時代のお客様方が「がんばれよ」とお餞別物件をくれて、なんとか生活ができていました。

とにかく不備のないように、資産の有効利用、その後のメンテナンスなど、会社勤めではできなかったことを、そのときの自分ができる精一杯のことをやろうと思って仕事をしていました。すべてがうまくいったわけではないけれど、一部のお客様からは「良かったからもうひとつ」とリピートしてお仕事をいただいたり、新しいお客様をご紹介いただいたり、とあっという間に1年が過ぎて、2年目になる頃、30歳で株式会社化しました。

今はスタッフも増えて大変なこともありますが、始めた当時は寝る間も惜しいくらい、ただ毎日が楽しかったです。好きこそものの上手なれといいますが、毎日が勉強でしたし素晴らしい先生方と仲間に支えられて今の自分があるのだと思います。

小さな頃から一点集中型。良くも悪くも、一点に集中したら理解するまで離れません。こういう性格の人ってお勉強もできたりするのですが、私の場合は好きなものに限ってのことなので、お勉強はできません。楽天的な一点集中型です。

家づくりは、服選びに似ていると思っています。

家は「第三の皮膚」と言われるように、3番目に身に纏《まと》うもの。1番目が皮膚で、2番目が服、3番目が壁天井床のある住空間です。服は季節によってかえるものだし、リユースも当たり前にされていますが、家はそう簡単にかえるわけにはいきません。服のように、気軽に買えるものではないからです。でも、建物本体では買い替えやリユースは難しくても、建物の内部だとどうでしょう。これが意外と簡単なのです。

私の仕事は、服選びの次の楽しみ、壁紙や床材、照明やインテリアをかえて楽しむことを皆さんに知っていただくことです。

生活の質は、住空間が良くなることによって豊かになります。

日々過ごす家は、日々食べるものと同じくらい大切だと思っています。

ゆるやかなやさしい心を持つ素敵な人は、豊かな家を持っている人だと思っています。

ひとりでも多くの人にこの生活の豊かさを知ってもらって、楽しんでほしいと思い、この仕事を続けています。

UNIVERSITY OF DELAWARE
Corona

Pattern

Chapter 1

NATSUMIKUMI《ナツミクミ》

—夏水組の仕事と、つながる人たちの話—

「夏水組ってなに？」「工事会社？」「え！ 組？」とよく言われます。
夏水組は空間のデザイン会社です。
一緒にお仕事をする方は、工務店、職人さん、設計士さん、デザイナー、
不動産屋さん、大家さんなどなど様々です。
たくさんの人と関われるからこそできる、楽しい仕事。
そんな夏水組のお仕事と、まわりの人たちのお話です。

夏《なつ》水《み》組《くみ》のこと

夏水組の主業務は、リノベーションやインテリアのデザインと、プロジェクトマネージメントです。

お客様は個人の方、不動産屋さん、飲食店、雑貨店、美容室などの店舗オーナーさんなど様々ですが、皆さんの希望する共通点は「他と違った良いものがほしい」ということです。

例えば、個人の方は自分の住まいを特別なものにしたい人。

不動産屋さんは、他と比べて選んでもらえる物件をつくりたい人。

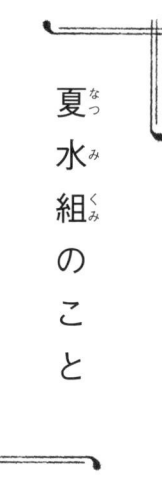

店舗オーナーさんは、他にはない、記憶に残るような目立つお店がほしい人。

皆さんそんなことを思って、夏水組に声をかけて下さいます。でも実は、この特別なものへの想いというのは人それぞれで、終着点は同じところではないのです。ここがこの仕事の面白いところで、同じ目的でつくっても、まったく違うものができたりします。それはその人の性格や、日々の憧れの対象、幼少期の記憶、好きな映画のシーンだったり。様々な物事によって

GARDEN

GARDEN

Pattern

左右されます。そしてそれぞれが持つこだわりを、打ち合わせを繰り返して一緒に見つけていきます。

一緒に探して、「これっていいよね！」と共通認識を得たものを積み重ねて物事を決定してできあがったものが、夏水組の作品です。ですから、よく「夏水組の物件は坂田夏水にしかできない」と言っていただくことがありますが、それは違うのです。

私はお客様の心のなかの物事を、お客様と一緒に引っ張りだして組み立てるお手伝いをしているのです。だから、私だけの作品ではないのです。

セレクトする壁紙、床のフローリングやタイル、インテリア雑貨などについて「どこで見つけてくるの？」と聞かれますが、そんなに特別なものは使っていません。

壁紙は特に、皆さんの家に張ってあるものとほとんど同じ値段のものです。実は、壁紙メーカーさんはたくさんの色や柄をつくってくれています。皆さんは、その素晴らしいラインナップを知らないだけです。これは、皆さんが勉強不足とかそういう話ではなくて、建築士さんや工務店さんがお知らせしていないだけなんです。不思議ですね。

夏水組は壁も床も雑貨も、たくさんの中から一つひとつお客様に選んでいただきます。２回目か３回目の打ち合わせあたりで、数々のサンプルを見て触って、できるだけたくさん候補を選んでいただいて、ご自宅に送ります。自宅で広げて見てみると、不思議なことに事務所で見

たときと違って見えたりするからです。

それは、自分の家なので落ち着いて見られるということと、自分の生活の色があるからです。

壁紙や雑貨と何週間か一緒に生活してから、ご本人の本当に好きなものを選んでいただいています。

たくさんの中から選ばれたもの、そこには選んだ人の想いや記憶があります。

例えば、ハネムーンで訪れたヨーロッパのホテルの壁紙。

小さな頃にお母さんと一緒に行った喫茶店の床。

憧れの映画のワンシーンに出てくる時計。

それぞれの人が持つ特別な想いが、住まいに現れてきます。

私はその想いを引き出すお手伝いをしているだけなので、私のオリジナルではないのです。

世界にひとつだけの空間を生み出すお手伝いをすること、それが夏水組の仕事です。

こひつじ商事のこと

私の夫が社長を務める「こひつじ商事」は、シェアハウスの運営管理や不動産賃貸の仲介業を行っています。夏水組とこひつじ商事は私と夫との関係と一緒、夫婦関係のようなものです。夏水組がつくったものを、こひつじ商事が貸し出したり、売り出したり、管理したり。これは、私がつくった夜ご飯を、夫が食べ、片づけをする。私が気に入って買ってきた樹木を、夫が手入れして育てる。そんな感じです。

賃貸でも持ち家でも、ほとんどの人が不動産屋さんと契約をしています。不動産取引に関わる契約書は、宅建業を持っている会社でないとできません。不動産屋さんって、なかなか想いが伝わらないのよねぇーという話をよく耳にします。その原因として、不動産屋さんの想いと住む人の想いが重ならないことがあると思います。そんな想い違いを解消するためには、不動産屋が住む人の気持ちをわかるようにならないといけないですよね。そんな想いから、こひつじ商事ができました。

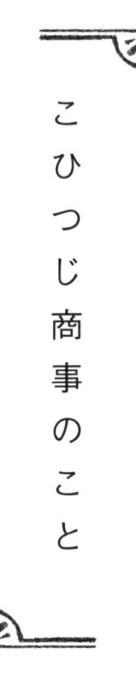

業務としては、夏水組がつくった賃貸物件について、賃貸付け（リーシング）や宣伝をこひつじ商事が行います。住みたいという人が現れたら現地を案内して、気に入って下されば賃貸の契約をします。その後、その人がよりよい暮らしを送れるよう賃貸管理をします。不動産の管理から、入居者さん同士のコミュニティづくり、インテリアを綺麗に保つための配慮、定期清掃など。その他に、夏水組でリノベーションを依頼したいけれど肝心の家が決まっていないという場合も、こひつじ商事で売買契約のお手伝いをすることがあります。売買の契約をする前に、リノベーションの会社に物件を見てもらうことって大切なのです。

夫の会社でなくても、普通にどこかの不動産屋でもいいじゃないという声もありますが、大きく違うのは、請け負った仕事に対して責任が持てるということ。この責任というのは、私とお客様にとっての責任と、その先で関わってくださる方（借り主、買主、利用者などの第三者）への責任についてです。

良く言えば、きちんと最後まで手がけたものの責任を持つこと。

悪く言えば、自分が手がけた大切なものを知らない人に渡したくない、という独占欲。

責任という言葉は重いですが、言いかえれば、いつまでも好きでいられるということなのかもしれません。

日々の暮らしのこと

そもそも私が設計事務所や工務店、不動産屋の仕事を経て独立したのは、自由に子育てがしたかったということもあります。

私の両親は共働きでした。とっても愛情のある家庭だったし、私は満足だったのですが、会社員の母が仕事に対して不安な気持ちでいたということが記憶にあります。大変な苦労をしながら子育てをする母を尊敬していたからこそ、私はそうはなるまいと小さな頃から思っていたのでしょう。「自分のやりたいことは自分で叶えよう」と。

30歳で結婚して33歳までに子どもを産みたい、と20歳を過ぎたあたりから思っていました。28歳で独立したのは、きっと逆算していたんでしょうね。29歳でスタッフを１人雇って、赤ちゃんができたときには３人のスタッフがいました。私がいなくても、会社が存続できるように。実は、これは私がやったことではなく、ほとんど夫が準備してくれたことなのですが。

見事出産！　のときは、３日前まで現場チェックをしていましたが、私がいなくても、しっ

かりとスタッフが支えてくれていました。1ヵ月、ゆっくり休み体が落ち着いた頃から事務所に娘（愛称：きなこ）を連れていったり、自宅までスタッフに来てもらったり、そんな風にゆっくり仕事を再開できたのも、優秀なスタッフに恵まれていたお陰だと思います。本当に有難いことです。

半年後から、きなこを事務所の目の前にある保育園に預けて仕事復帰しました。保育園に預けるときは、ナイーブな精神状態になりました。普通の家庭のお母さんであればもっと一緒にいられるのに、私はいてあげられない、と。夏水組をたたもうかとも真剣に考えました。そのときに夫からかけられた言葉が、「これから先、きなことの時間を増やすためにも、今辞めてはだめだ」でした。仕事が辛いときや投げ出したいときには、いつもこの言葉を思い出します。

まあ、実際は仕事が楽しくていつまでたっても辞めな

いでいるかもしれません。でもきっと、仕事が好きなお母さんの姿を見て、子どもも悪い気はしないだろうと楽観的に考えています。小さな頃の私がそうでしたから。

今、きなこは2歳になります。朝起きて、家族みんなで家を出て、夫ときなこは保育園に向かう。夕方、保育園から帰ってきたら一緒に事務所に戻ってきてスタッフと遊ぶ。事務所を出て、19時には家族で家に帰ってご飯を食べます。すごく贅沢な生活だと思っています。

きなこがもう少し大きくなったら、一緒にものづくりをやろうかな。

Schedule

ある日のスケジュール

6:30　起床
7:00　シャワー、朝ご飯をつくる
7:30　きなこ起床
8:00　テレビをみながら朝ご飯
9:00　家を出る　私は事務所に、夫はきなこを保育園に送った後、事務所に
〈★ 9:00 ～ 19:00　仕事〉
10:30　打ち合わせで来客
12:00　ランチミーティング
14:00　お客様との打ち合わせで新宿のオフィスを訪問
16:00　事務所に戻り図面やメールのチェック
18:30　夫が保育園へきなこのお迎え
19:00　きなこと夫事務所に戻り、スタッフに挨拶してから退社
20:00　夜ご飯の買い物をして帰宅
簡単に夜ご飯をつくって食事・家族団欒
22:00　きなこ就寝
23:00　夫婦で仕事のことなどミーティング
24:00　就寝

夏水組の仕事

お客様とのやりとりは、まず、夏水組のＨＰ「お問合せメール」へのファーストコンタクトから始まります。

メールをいただいてから予算や工事時期のご希望など、依頼内容についてメールで何度かやりとりをして、お互いに条件が合えば直接お目にかかってお話をします。時々ファーストコンタクトが電話という方がいらっしゃいますが、私が事務所にいないことが多いので、メールで用件を送っていただきます。具体的なお話が進む前に、夏水組のデザインフィーが総工事費の20％であることを承認していただきます。（物件規模により％の数字が変わります）

初めての打ち合わせまでに、持ち家の場合はその間取り図、これから購入する家についてはその物件の資料など決定している事項を事前に共有します。

第1回目の打ち合わせでは、できる限りお客様のご要望を伺うようにしています。一度想いをすべて吐き出していただき、それから組み立てていけるように気をつけています。

2回目の打ち合わせでは、対象物件に伺うことが多いです。

その際に、現場を見ながら伺ったご要望を再確認します。例えば、「キッチンはカウンターキッチンにしてオープンにすると、ここからここまでお庭が見えて景色がいいですね」など、だいたいの規模と工事内容をお互いに確認できたら、概算の工事予算と工期をお伝えします。それがお客様の想定内であればそのまま進み、想定外の問題（予算や引っ越し時期など）が発生した場合は、できるだけその場で問題解決ができるようにします。

3回目の打ち合わせでは、平面図と概算見積書をお見せして、打ち合わせができるようにしています。ここで、業務委託契約を締結していただく流れが多いです。この段階になると、お客様のご要望をどのように叶えていくのか、例えば「キッチンはタイルのカウンターをご希望だけど、赤と青どちらがお好きなのか」などの具体的な

方向に進んでいきます。

4回目の打ち合わせでは、工事請負契約を締結します。3回目の打ち合わせで出たご要望を概算の見積書に反映し、契約見積書を作成していきます。

5回目の打ち合わせでは大体が、解体工事後。

解体されると今まで見えていなかった景色が見えてくるので、間取りを床にテープで示して大きさや動線を確認していただきます。同時に4回目の打ち合わせで伺ったご要望の実物サンプルを現場に持ち込み、実際に確認していただきながらご一緒にコーディネートを楽しみます。

6回目の打ち合わせは、5回目で最終的に決めきれなかった部分、壁紙の種類や塗装の色、細かい装飾などを詰めていきます。あとは、現場の進捗状況の報告と確認です。

7回目は、ほぼ完成の前。

まだクリーニング前で全容は見えませんが、引っ越しの楽しみが増す打ち合わせです。皆さん、「早く引っ越したい！」とウキウキしてくれます。その際にインテリア、買い替える大型家具、カーテン生地やベッドカバーのファブリックなどのご相談をお受けします。

平均的には8回目でお引き渡し。

工事請負契約にもとづき、きちんと工事ができているかどうか、見積書通りの工事になっているかなどの確認をしていただきます。

毎回、お客様とは見積書と照らし合わせながら打ち合わせをしていくので、お引き渡し時に知らないうちに料金が増えていたなどの問題が生じないよう、金額を把握しながら打ち合わせを繰り返すように気をつけています。そうしていくと、自分がいくら、どこにお金をかけてきたのかが理解でき、その分愛着につながったり、今後のＤＩＹの指針になったりしてよいと思っています。

お引き渡しの際にお手紙をいただいたり、引っ越し後のお祝い会にお呼びいただいたり、うれしいプレゼントをいただくこともあります。一生に何度もない引き渡しのセレモニーにお誘いいただくことは、今後のお客様の生活する時間にもお付き合いできる素敵なことです。

＊お客様のご要望や物件の規模により、打ち合わせの回数は異なります。

壁紙のこと

壁紙屋本舗との出会い

私が工務店に勤めていた頃、壁紙の一部補修、５㎡以下の施工など、職人さんに作業してもらうには申し訳ない現場がいくつもありました。

そんなときにインターネットで見つけたサイトが、「壁紙屋本舗」です。生のりを国産壁紙につけて配送してくれるという、業界では画期的なものでした。

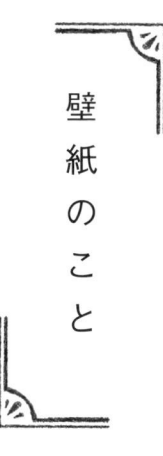

工務店の現場監督さんとしては公にできないことから、読者の皆さんはご存じないと思うのですが、建築現場では現場監督が発注して張りつけをしているケースも少なくありません。

工事見積をしているときに、予算の減額調整のため「壁紙って自分で張れないの？」というご質問をお客様からいただいたことがあります。それまでは「職人さんでないと難しいですねぇー」とお答えしてきたのですが、自分が現場で張れるのだからきっとお客様自身にもできるよね、と思うに至り、現場監督だった私がお客様に壁紙屋本舗を紹介するという、ゼネコンの方に言うと怒られそうなことをやっていたこともあります。結果、お客様は大満足で、大変だったけどやってよかったというお言葉をいただきました。

そして夏水組として仕事をするようになってから、あるお客様から「今日、壁紙屋本舗の社長が来るよ」とお声がけいただきました。私がコーディネートした部屋を大阪から見にきてくれるとのことでした。濱本さん（壁紙屋本舗の社長）は、できあがった物件を丁寧に丁寧に撮影して喜んでくれました。それ以降、濱本さんは私が手がける物件を気にかけてくれるようになり、何度も見にきてくれました。

濱本さんとは、日本の内装仕上げについて、壁紙だけでなく床材や塗料についても共感できることがたくさんあります。

東池袋にあるロイヤルアネックス（メゾン青樹）のオーダーメイドリノベーションの仕事をしているとき、ちょうど壁紙を決定するタイミングで濱本さんの輸入壁紙専門店、ＷＡＬＰＡ東京店がオープンしました。良い機会だったので、メゾン青樹を運営する青木さんやお客様と一緒にオープニングパーティーに行きました。

お客様とサンプルブックを見ていて、今日決まればうれしいなと思っていたところ、ぴったりの壁紙が見つかりました。ウィリアムモリスの苺泥棒という壁紙です。とても素敵だったので皆大満足！　濱本さんに「オーダーメイドの壁紙決まったよー！」と報告したら、「この店の一番目のお客様やー！　うれしいからこれはプレゼントやー！」と、皆さんの前で報告してくれたんです。

夏水組セレクション

現在、壁紙屋本舗のサイトでオリジナルペイントの「夏水組セレクション」を取り扱ってもらっています。家に使う塗料って、素敵にしようと思っても色の組み合わせと微妙な彩度・色の鮮やかさを調整することが難しいのです。自分で色をつくって塗るのは、手間もかかるし素人にはできません…。

濱本さんは、もともとターナーさんのＪカラーという塗料をネットショップで売っていました。私たちも建材としてＪカラーは利用していたのですが、濱本さんに特注色がほしいという話をしたところ、「だったらつくればいいやん」と言われて始まったのが「夏水組セレクション」です。濱本さんの思いつきだったかもしれませんが、そのひと言でできた商品です。

今では、壁紙屋本舗の塗料の中でも一番の売れ行きとのことです。

夏水組セレクションペイント

1 Bois de rose［ボワ・ドゥ・ローズ］
落ち着いた大人の上品な色。
ボアドローズのパープル色。

2 Pistache［ピスタッシュ］
香ばしいピスタチオの色。ふわっと薫るグリーン。

3 Brugnon［ブリュニョン］
太陽たっぷり果実の甘酸っぱい色。
落ち着いた大人のレッド。

4 Rose poudre［ローズ・プードル］
ローズパウダーの色。乙女心のピンク色。

5 Amelie［アメリ］
映画「アメリ」の部屋の色。
深いワインレッドの壁の色。

6 Blue faience［ブルー・ファイヤンス］
西洋の伝統的で高貴な色。
甘すぎず涼しげなライトブルー。

7 Armoire [アモワール]
ヨモギの色。ふわっとした薄い緑色。

8 Dent de lion [ダンデリオン]
やわらかいながら活発的な色。
やさしいタンポポの色。

9 Cachmire [カシュミュール]
やわらかくあたたかいカシミアの色。

10 Jolie au lit [ジョリオット]
やさしく女性らしい色。やわらかいピンク色。

11 Chartreuse [シャルトルーズ]
心地よいハーブの色。シャルトルーズ酒の色。

12 Bougainvillier [ブーガンヴィレ]
情熱的で魅力的な色。
ブーゲンビリアの淡いレッド。

オリジナル和柄・壁紙の誕生

夏水組のＤＩＹ雑貨店・ＧＯＮＧＲＩ《ゴングリ》（本書108ページ参照）の開店日には、濱本さんがそれはそれは大きなお花を贈ってくれました。小さなお店との不釣合いさに笑ってしまうほどだったのですが、気持ちがうれしかったです。お店まで足を運んで下さり、商品の案内をしたときに濱本さんが一番気に入った商品が、マッチでした。表具師だった私の祖父がつくった日本の表装（掛軸などの飾り）の布を使用したマッチなのですが、大量に買って行かれました。私のおじいちゃんのＤＩＹ（笑）。

「日本の柄ってどうしてこんなに格好良いのだろう」

「どうして日本にはこんなに素敵な伝統の柄があるのに、日本人は海外の柄を好むのか」

こんな話をしているうちに、「日本の伝統の柄を生かした壁紙をつくろう！」ということになりました。濱本さんのコンセプト、「おもろいもんをつくる」にぴったりだったんだと思います。

また、濱本さんが酔っぱらったときの話ですが、「ドイツのインテリアの展示会に出展するために、夏水組セレクションの壁紙をドイツに連れて行くんだ」と言ってくれました。私にとっては大きな大きな、まだ手の届かないところにある夢ですが、きっと濱本さんが叶えてくれる

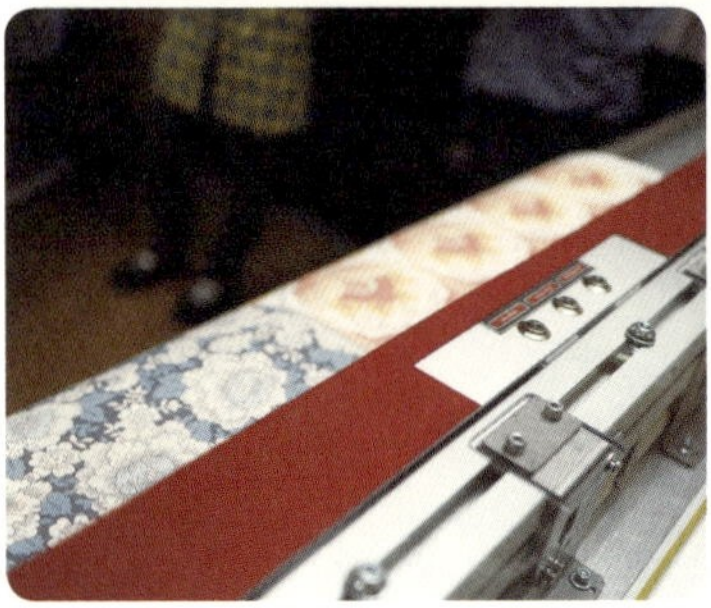

と思います。

　そして２０１３年のはじめ頃、壁紙屋本舗のサイトで夏水組オリジナルの壁紙の柄をつくろうという話になりました。私は「できたらうれしい」程度に考えていたのですが、濱本さんは本気でした。初夏頃に連絡が来て、「印刷機買ったよー！　デザインちょうだいー」と。とってもうれしかったです。

　壁紙の種類は、洋服の生地と同様、無地、ダマスク、プリント、幾何学、花柄、ストライプ、ドットなど数えきれないほどの商品が世界中にあります。どのようなデザインの壁紙にしようかと濱本さんと相談していた際、私の祖父が手がけていた表装の生地が素敵だという話になり、やはり日本のデザイナーならば日本のデザインの良さを伝える壁紙にしたいねということで、和柄を中心に展開することになりました。

　日本の和柄って、とっても素敵なんです。皆さんにも

きっと気に入っていただけると思います。

ロンドンを一人旅した大学生のとき、トリシア・ギルド（ファブリックのデザイナー）のショップを見つけました。その頃の私にはとっても高価な商品でしたが、いつか使えるように私もインテリアデザインの勉強をしなくちゃと、意気込んだことを今でも覚えています。

そして、自分で壁紙をデザインして、その商品を販売できるようになったこと。それは私にとっては、憧れのトリシア・ギルドと肩を並べることと一緒なのです。

今でもちゃんとした商品のデザインが私にできるかと不安ですが、精一杯やりたいと思っています。

ma《マ》l《ル》to《ト》のこと

「ｍａｌｔｏ」は、東京都高円寺と代々木八幡に店舗がある、アンティークを中心としたインテリアショップです。ネットでインテリアやアンティークを検索すると、素敵な商品はすべてと言っていいほどｍａｌｔｏのサイトにたどりつきました。私の中では、商品力と品揃えは間違いなく一番だと思っています。オーナーであり店長の前川祥子さんとは、同年代の女性ということもあり、商品の問い合わせをしたことがきっかけであっという間に仲良くなり、今では２人で夜な夜な飲み歩くほど仲良しです。

彼女とは感性が似ているので、彼女のフィルターがかかっているｍａｌｔｏの商品は、どれを選んでも正解な気がします。彼女と私の空間づくりの共通点は、海外旅行の一風景や、宿泊したホテルの内装、気に入ったお店で見つけた商品。そういう、とあるときのイメージからできていることです。あ、この色はあれっぽいよね、という感覚が一緒なのです。だからお互いのつくるものが好きだったりするのでしょう。

有限会社エスエーエルハウス代表
malto 店長

前川祥子さん

中学生くらいの頃から、雑貨が好きでした。スクールバッグも、青山の骨董屋さんで買ったアンティークの物を使ってました。それから美術系の短大を卒業して、すぐに広告制作会社に就職しました。この会社ではデザインソフトの使い方などを勉強し、1年ほど働きました。ただ、向いてなかったんですね。仕事はハードで週6日終電の時間まで働き、先輩や上司を見ても皆ストレスまみれで自分と会社の将来に不安を持つようになり、辞めました。何もできない20歳の私に仕事を教えてくれた先輩たちには申し訳なく思いましたが、早いうちに自分で区切りをつけることができたのは、今思えば正しい選択だったと感じます。

前職でデザインや企画の提案が少しできるようになったため、運よくすぐにインテリアディスプレイの仕事を見つけることができ、全国のショップや式場でディスプレイの提案から現場

での作業などをしました。都内のショップやメーカーを巡って、仕事で使うアイテムを探すことがとても楽しかったです。ただ、毎日色々なアイテムを見るうちに昔からの夢がむくむくと湧いてきて、「こんな商品売ってるお店あまりない、ぜひ売りたいな、お店を持ちたい」と思うようになりました。20歳から遊ぶ時間もなく働いて、お金をあまり使っていなかったため、貯まった90万円で雑貨やアンティークの品を仕入れて、父の建築事務所の一角で売り始めました。

２００３年当時は、可愛くて安い雑貨や家具が本当に少なく、未経験の自分でももしかしたらできると思い、22歳のときに勢いで始めてしまいました。

高円寺という場所にお店を構えたのは、古着を扱っている店が多く、アンティークな雰囲気が街全体にある気がしたからです。土地を買って、商品を仕入れて始めてみたもののアンティークや雑貨の販売は最低目標額まで遠く及ばず、自分の生活費分も稼ぐことができない日々が続きました。実家暮らしだったので生きることはできましたが、せっかくお店をつくったのに、これでは一年ももたないと思いました。「またＯＬになろうかな」と弱気になったりもしましたが、このままではいけないと思い、ネットショップのつくりかたの本を買って一日10時間くらい勉強しました。

そうして独学でネットショップをオープンさせると、全国からアンティークや近くのお店には販売していないフランス風の雑貨や家具を求めるお客様からオーダーが来るようになりました。

　オープンして１ヵ月後に初めて注文があったときのことは、今でも忘れられません。商品はアンティークのボトルで、本当にうれしくて、大切に梱包して送りました。今では、口コミやネットショップの常連の方が北海道から沖縄、台湾や上海から高円寺の店舗に訪れて下さるようになりました。ネットショップがなかったら、お店はつぶれていたと思います。

　お客様に満足していただくために、商品の目利きを日々勉強して、世界中から商材の買い付けをしています。イギリス、ベルギー、フランス、ハンガリー、アメリカ、香港、インドネシアに毎回２週間ほど行きます。ヨーロッパで直接買い付けたアンティークを購入されたお客様から、飾った後のお部屋の写真や手紙（たまにミカンなどを送っていただいたり）をいただくと、本当にうれしくやりがいを感じます。

　一番の苦労は、良いアンティーク品を安く提供するため女ひとりで海外に行くのですが、その都度トラブルに巻き込まれないように神経を使うことです。ベルギーで携帯をひったくられたときは、地元の警察は何もしてくれずとても冷たい対応をされたあげくに時間を取られ、ロンドン行きの列車にも乗り遅れ、買い付けのスケジュールをすべてｉＰｈｏｎｅに入れていたため、その日泊まるホテルがどこかも分からない状態で本当にきつかったです。ひとりなので頼れる人もいないし、誰も助けてくれないんですね。でもその後、イギリスでとても親切なイギリス人ディーラーとイギリス中の買い付けに同行してくれたトラックのドライバーの方に巡り会い、後半は良いことの方が多かったです。今でもたまに用もないのにイギリスから元気ー？　と電話をくれたりと、本当にフレンドリーな人たちです。

「好き」で始めた仕事だけれど、自分でお店をやるということはもちろん大変なことがたくさんあり、今は正直に言うと「ビジネス」という感覚になってしまった部分はあります。けれど、「お客様に喜んでいただきたい」という想いがずっと根底にあるので、そういう気持ちを忘れないように続けていきたいと思っています。

malto
高円寺本店
杉並区高円寺南 2-20-17
03-3318-7711
12:00 ～ 20:00　無休
JR 高円寺駅南口から徒歩 10 分
丸の内線新高円寺駅から
徒歩 3 分
http://www.salhouse.com

経営者になること

夏水組
坂田夏水

×

malto
前川祥子

インテリアショップ
「malto」のオーナー。
（本書 p36 参照）

×

トミ企画
富澤一信

トミ企画
大田区池上 4-27-1
03-5700-7103
建築全般。
店舗を多く扱い、
装飾的な部分の注文を
細かく聞いてくれる。

インテリアショップ・maltoのオーナー、しょうこさん（前川祥子さん）とは、2011年に初めて会って衝撃を受けました。私の好みの女子といいますか、とにかく大好きなのです。もともとmaltoのお店は知っていて、実店舗でもネットショップでもよく買い物をしていました。夏水組の物件でも、よくmaltoの商品を使用しています。初めての対面が、よくマンガで恋に落ちる表現「ビビっと」、ああいう感じでした。

建築関係の会社を経営しているトミーさん（富澤一信さん）も同じく、しょうこさんとの初対面時に会いました。そのときは「一緒に現場をやっている職人さんです」と紹介されたと思いますが、今では職人さんとしてのお付き合いではなく、仲間というか友だちというか、そういう関係です。年上なので怒られるかもしれませんが。

３人で飲みに行ったことがあり、会社のことや今までやってきた仕事のことについて話したら、これがまた同じ感性でとっても面白いのです。共通点は、「好きなことをやってお客様に喜んでもらう」ということでしょうか。

３人とも、自分のやりたいことをやって、人を雇って仕事をしています。それは、とっても大変なことです。自分も一人前ではないのに、人の教育をしながら、自分も自分で教育していくような感じ。

日々葛藤しながら、みんなで楽観主義。それはそれはお酒もすすんで、宴は夜な夜な続くのです。日々語っている私たちの考えが、これから自分で会社を始めたい、好きなことを仕事にしたいという人たちの参考になれば、とてもうれしいです。

「雇われる」側から「雇う」側へ

前川　最初から現実的な話になるけど、自分でお店を始めたら、まず3年は休みないよね。旅行にも行けないし、今もお店は週7日営業してる。でもすごく好きだから、毎日仕事でもいいくらい。

坂田　楽しいから、体が続けばそれでもいいんだよね。休みがなくても全然ストレスたまらない。ただ経営者になってからは、違うストレスがたまるようになった。

前川　そうだよね、人を雇ってからの方がずっとストレスある！　1～3人くらいまでならいいんだけど、人が増えると色々あるんだよね（笑）。

富澤　雇われてるときは、反発心はあったけど、「逃げ出したい」って気持ちはなかった。今は全部ほっぽり出したいって思うときがある。

前川　本当、海外に行きたくなる。ひとりで海外に買い付けに行くと、毎回、従業員に「帰ってきて下さいね」って言われる（笑）。休みがきちんとほしかったら、起業しない方がいいと思う。雇われてる方が楽だし。だって売り上げが上がらなくても、お給料はもらえるわけだから。

一番大変だと思うこと

前川　クレーム処理かな。うちは会社関係のお客様が多くて、手違いで納品が一日遅れちゃったときに、発注元の会社が大阪だから、新幹線で持ってこいと言われて。結局大丈夫になったんだけど、持ってく気は満々だった。

坂田　私はお客様に営業活動をしていて、職人さんにも協力をお願いして、信頼して協力してくれたのに、結局ダメになっちゃったときかな。信頼に応えられなかったことに対して、申し訳ないと思う。

富澤　僕は、クレームよりも意思の疎通がはかれないことが辛い。クレームが出るってことは、不注意だったり原因が見えるから解決の方法が分かる。クレームが起きたら解消して、それを１２０％の信頼に変える努力をする。でも自分ひとりがそう思っても、スタッフ全員がそういう気持ちになってくれないと。お金や数字は目に見えるけど、お客様の信頼は形では見えないから、スタッフに理解してもらう努力が必要だと思う。今経営を頑張ってる人たちって、そういう苦労ではへこたれないで、全部乗り越えてる。正直、最初の２つ３つの困難でへこたれる人は、経営者を辞めていくんだと思う。

経営することの現実

坂田　お客様の中には、そのときのいろんな事情だったり気持ちで、嫌なこと言いたくなっちゃう人もいて。私はバーをつくりたいっていうお客様とトラブルになったことがある。でもお店をつくるからには、「その人の一生に付き合いたい」と思う。だから人間関係としてきちんと向き合いたいって真剣に伝えたら、その言葉がお客様に届いて、その後は良い関係で仕事ができるようになった。仕事を受けるっていうのは、お店ができるまでの何ヵ月間だけじゃなくて、お店ができた後もずっと付き合っていくことだと思うから。

前川　現実問題、雇う人にもきちんと実情は伝える。「すごいキツイ仕事だよ」って。力仕事が多いからぎっくり腰にもなるし、夏は暑くて冬は寒いし。でも、やっぱりそれを全部乗り越えた人が残ってる。辞めた子はあんまりいないかも。元々は「自分で店をやりたい」って気持ちで入ってくる人が多いから。

坂田　経営者になったからこそ分かるＮＯもあるよね。雇われている側から雇う側になって、ＮＯの種類が変わった。

会社を存続させるため、強いては従業員にお給料を払うために、ＮＯと言えない仕事もある。スタッフがおいしいものを食べて、家賃を払って、休日を楽しむためにお金を確保してあげたいから、そのために受ける仕事もある。

富澤　僕は2人とはスタートが違うから。憧れとかやりたい仕事だから独立しようってことじゃなく、32歳のときに勤めていた建築リフォームの会社が倒産したから。営業マンだったから手に職もなかった。

前川　トミーさんは、営業マンのときに見積もりすると50％の割合で契約を取ってたんだよね。一般的には20％くらいなのに。

坂田　お客様が「この人に頼みたい」って思うものを持ってるんだよね。

前川　結局、みんな人対人だからね。

富澤　生きるために営業しかできないから、それがコンプレックスだったんだよね。それで取引先の人に「何か仕事下さい」って頼むと、「じゃあ何ができるの？」って聞かれる。「いや、何もできないんで、できる人連れてきますから仕事下さい」ってお願いをして、職安に通いながら何年もまわってた。

　そうやって最初にもらった仕事が、マンションの扉に塗装するというもので。付き合いのある塗装屋さんにお願いすると、その人の日当で終わってしまって利益は出ない。それでも仕事を受注するっていう実績をつくることが大事だから、昼は取引先をまわって夜は後輩の店でバイトさせてもらう生活をしてた。

　そうしてるうちに、営業でまわってた人たちから少しずつ反響が来るようになってきた。工務店で培った技術をベースに材料代だけで友人の店をつくったら、その店のオーナーさんが50万円くれたんだよね。つくる喜びというか、この業界で認めてもらえたってことが本当にうれしかった。それから、自分の知識が追いつかないくらい仕事がもらえるようになってきた。

坂田　私は、雑貨や飲食っていう他の仕事に手を出さなければリスクもないんだけど、お店でやってることが本業であるリノベーションの仕事に返ってくることもある。だから、儲からないことがあってもやるって決めてる。実際、従業員に給料が払えないかもっていう時期もあった。そういうときは、契約を早く取る努力をしたり、自分の給料を先送りしたり。夫の給料を根こそぎ持ってきたことも（笑）。従業員を守らないといけないから。会社を経営するってことは、それが日常なんだよね。

自分で店や会社をやる上で必要なこと

坂田　諦めないこと。ひとりで個人事業主として働き出すと、「あ、もうダメだ」って思うことってけっこうあるけど、そこで支えてくれる人も出てくる。そういう人たちを裏切らないためというか、信頼に応えるためにも簡単に諦めちゃいけないと思う。諦めるっていう選択をしなかったからこそ、根気強くやってこれた。

前川　例えば、自分が可愛いと思うものを仕入れて、その商品を可愛いって言ってもらうと、自分のことを褒められたようにうれしい。それがすごくやりがいにつながってると思う。そういう、初心を忘れずにやっていくことが大事なんじゃないかな。

富澤　自分で意識してることは、インプットとアウトプット。誰が相手でも年齢や経験で判断しないで、その人の意見を受け入れようとする気持ちを持つこと。そこから、自分なりに必要なものを取捨選択していくこと。インプットは素直で謙虚な気持ちで、アウトプットは決しておごらず、見栄を張らず、身の丈に合った行動を取るっていうスタンスで。でも、人に尽くすときは１００％以上じゃないと成長しないと思う。

スタッフにしても、お客様にしても、人に対して１００％愛そうとする気持ちを持つことだと思う。ミーティングで「愛」って言葉をすごく出すから、最初はスタッフに笑われたけど（笑）。

みんなとっても大変だと思うけど、共通していることは精一杯楽しんでいること。
辛いこと、嫌なこと、忘れたいことを超えられる楽観主義。
そういう仲間が近くにいてくれるだけで、いろんなことはまるーくまとまるものです。

Chapter 2

RICCA《リッカ》

—シェアハウスRICCA 武蔵小金井の話—

夏水組にとって今までで一番大きな、
新築シェアハウスのプロジェクト。
たくさんの人に、よりたくさんの豊かな空間を。
豊かな空間で、素敵なコミュニケーションが生まれることを
楽しみにしています。

RICCAのこと

あるとき、不動産屋さんから「武蔵小金井でシェアハウスがやりたいから相談にのってくれないか」と連絡がきました。

武蔵小金井のその物件は、シェアハウスの場所としては悪くありませんが良くもない、満室稼働しにくい立地でしたが、私たちはこれから一生お付き合いするお客様のお仕事に対する取り組み方やお人柄を一番に大切にしているので、お受けさせていただくことに決めました。

そこで考えたことは、「住まいをもっと楽しむこと」の提案。

最近の不動産賃貸業界は、「徒歩○分」「近くにコンビニ」「オートロック ホームセキュリティ付き」など、住まいの豊かさではなく便利度をアピールするものが多く見られます。

あなたが自分の家を選ぶとき、一番大切にすることは何ですか？

「快適」「明るさ」「癒される空間」、結局はそういったことではないでしょうか。

悲しいことに、住む側である消費者が求めているものを不動産屋さんは知らない気がします。

利回り、投資効率、建物のメンテナンス、管理のしやすさ……。悲しいことですが、このような不動産屋さん中心の考えを住み手に強いてしまうのですよね。

では、どうしたら住まいを楽しめるのか。

それは、愛着を持って住まいを育てることだと思っています。

自分で手を加えるＤＩＹをすることや、人と同じ空間を共有する思い出をつくること、自分の部屋を誰かに見てもらって楽しんでもらうことなど。

たとえば、ＤＩＹ。

プロのようにうまくいかなくても、自分で施工すると選んだペンキの色や壁紙の模様に、そのときの想いや状況が表現されます。

たとえば、人と同じ空間を共有する思い出。

大切な時間や思い出は誰かと一緒のことが多いですよね。独りでいる時間も大切だけれど、やっぱり仲間や家族と時間を共有する生活が豊かなのだと思います。シェアハウスは特に、人と人とのコミュニケーションを大切にする住まいなので、共有できる思い出がたくさんでき、充実した時間を過ごすことができます。

たとえば、誰かに見て楽しんでもらうこと。

みなさんは、ホームパーティーは好きですか？　自宅を見せられないからやったことない、なんてもったいない。自分の家に人を招いて楽しんでもらう時間は、とても素敵です。「インテリアが素敵」「この家具私もほしい」そういう会話が友だちの住まいについての関心をも高め、お互いの良い刺激になります。

だからこそ、私たちは、「住まいを楽しむ」人が集まる家をつくります。

６戸の家にそれぞれの住まい。それぞれの個性が咲いて、六つの花になる。それで、六花、リッカ、ＲＩＣＣＡ。

普段は３人から４人のグループで落ち着いた毎日を過ごせて、自分の時間も大切にできる。だけど、同じように暮らしを楽しむ仲間が皆で22人。そばにいるから、休日には大きなリビングですぐに集まれる。そんなよくばりを叶えるＲＩＣＣＡです。

クラシック、北欧、ナチュラル、フレンチ、カフェ、ガーリーと、６つの素敵なインテリアでつくりました。共有スペースの床や壁紙の色との組み合わせ、家具や雑貨のディスプレイについてなど、それぞれのタイプから自分のお気に入りを見つけて、参考にしてみて下さい。

＊家具や雑貨の価格（税別）は、２０１４年2月現在のものです。（メーカー希望小売価格）

＊メーカー名（GONGRI）と表記されている商品は、ＧＯＮＧＲＩでも購入可能です。

RICCA

MUSASHIKOGANEI

RICCAの壁紙

シェアハウスのＲＩＣＣＡでは、６タイプの部屋をつくりました。もちろん壁紙も、そのタイプに合わせて選んでいます。入居が決まった方は、何十種類もの壁紙から自分の好きな壁紙が選べます。引っ越しまでの間に、職人さんが張ってくれるのです。

初めて部屋に入るときのわくわく感は、成人式に選んだ晴れ着を着せてもらうときのような、背伸びして初めてつくったオーダーメイドのスーツを着るような…そんな気分なのです。

壁紙選びの際お客様の声で多いのは、種類とメーカーが多すぎてどこから何を選べばいいかわからない、ということ。確かに、プロである私たちでも迷います。

これは、オーダーメイドの服をテーラーでつくるとき、服の生地をどうしようかしら？　ということと一緒だと思います。お店の人にどの生地でもいいですよ、と言われても困ってしまいます。オススメを教えてあげる、コーディネートの提案をする、こう考えるとテーラーさんのお仕事と内装デザインのお仕事は似ています。

壁紙を選ぶときは、好きな色や好きなモチーフを決めて選ぶとよいと思います。例えば服を買いに行ったとき、まず最初に好きな色や柄、形を探しませんか？ その後に細かいディテール、ボタンや縫製、サイズが合うか、自分に似合うかという順番で絞り込みをしていきますよね。壁紙選びも一緒です。好きな色や柄が決まったら、凹凸や触り心地、機能のディテール、持っている家具や床の色と合うか、そして自分自身に似合うか、そうやって順に決めていくのがよいのではないでしょうか。

A
Classic Style

B
Scandinavian Style

C
Natural Style

D
French Style

E
Cafe Style

F
Girly Style

A

RICCA
MUSASHI-KOGANEI

Classic Style

クラシックスタイル

深く落ち着いたネイビーブルーとゴールドを基調として、ダマスク模様の壁紙を合わせました。床はオーク材の無垢フローリングのヘリンボーン張り（魚の骨のような模様）にナチュラルブラウンの、合成樹脂を使わないナチュラルオイルで染色をする自然系塗料のペイントを使っています。年月が経過すると雰囲気が出てきます。

玄関

オーダーメイドの玄関収納天板と、その上部に配置したスチールシェードのランプの相性が抜群です。玄関からリビングへと続くゴールドのダマスク模様は、派手ですが大きな面に張ることによって落ち着いた雰囲気が演出されます。

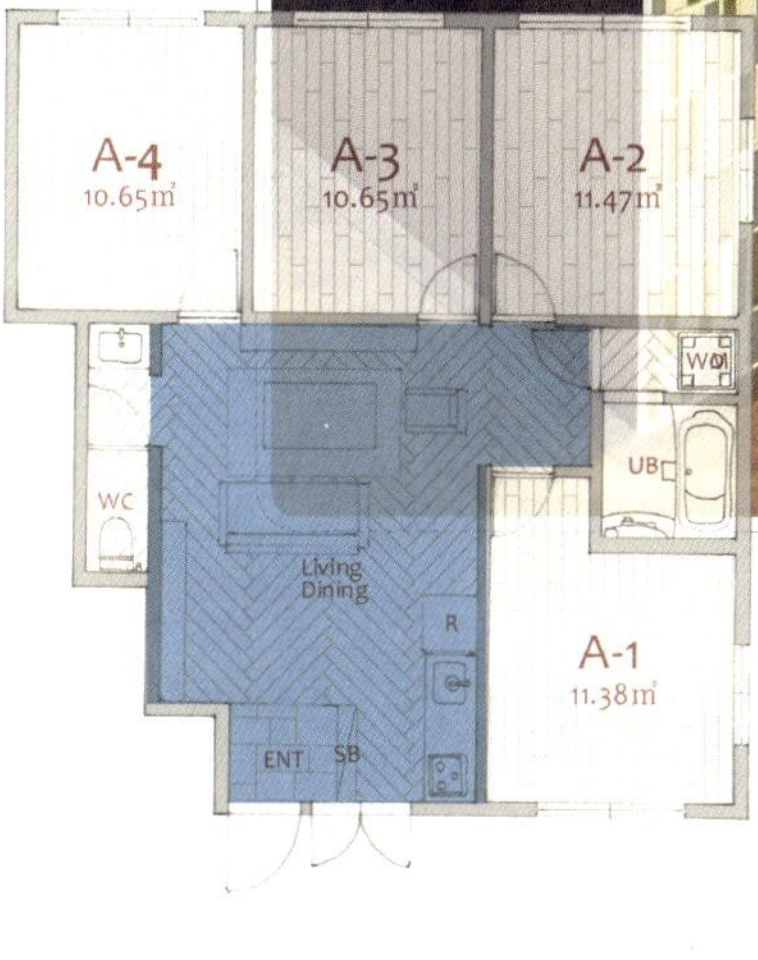
A-4
10.65㎡
A-3
10.65㎡
A-2
11.47㎡
UB
WC
Living
Dining
R
A-1
11.38㎡
ENT
SB

BEFORE

AFTER

1 KARLSTAD アームチェア BL　27,900円
2 2人掛けソファ BL　31,900円／IKEA
3 リビングワイドテーブル SR
15,800円／佐藤産業（GONGRI）

壁紙

ダマスクや古典的な模様をセレクトしています。ダマスクは淡くて色が薄いものであれば四面すべてに用いても大丈夫ですが、大きめの派手な柄は壁の腰の高さ上下のどちらかか、壁面一面に使うことをオススメします。アンティークの家具やダークブラウンの家具が多い方は、ダマスク模様の壁紙がとても合うので是非トライしてみて下さい。

家具

メインに無地のネイビーブルーの壁紙を配置。ソファも同じ色ですが、ファブリックに草花の模様が入っています。扉も同様の色ですが、エイジング仕上げがしてあるので同色配置でも素材感の違いが楽しめます。

雑貨

ゴールドダマスクの壁紙面、リビングと洗面所を仕切る界壁にステンドグラスを入れて、入口壁面上部を円弧にしました。その横に、シンプルながらモノトーンの印象深い時計を配置しました。黒いアイアンの小物や雰囲気のある熊の置物、ブリキのおもちゃなど金属製のものをセレクトして統一感を持たせています。

テレビ上部にあるタイガーのぬいぐるみのアニマルヘッドは、このお部屋の一番の遊びポイント。キッチュな遊びが訪問する友人たちを喜ばせてくれます。

タウンホールクロック
8,000円／パディスマーケット
（GONGRI）

可動式クマの置物 BR
1,920円／ GONGRI

オウレット
フクロウのオブジェ
各 816円／ GONGRI

マルメゾンボトル
各 635円／ GONGRI

左：お城型ワイヤーの鳥かご
1,500円／ GONGRI
右：ウェトゥムフォトフレーム
GR　990円／ GONGRI

B

RICCA
MUSASHI KOGANEI

Scandinabian Style

北欧スタイル

Lookout
MOON-PIE
the BIGGEST
and BEST
LUNCH in
town for
5¢

ブルー系のカラフルな鳥のモチーフの壁紙を大胆に大面に配置し、ジグザク模様のコントラストの強い派手なカーペットと合わせました。玄関を入ってすぐの壁面にアンティークのウィンドウを埋め込み、各部屋の扉はブルーのエイジング仕上げにしてあります。床はオーク材の無垢フローリングのヘリンボーン張りにし、玄関のタイルは石目調のもので、他の素材が引き立つよう控えめにしています。

玄関

鮮やかなブルーの壁にはホワイトフレームのミラーがよく合います。目線の高さから見て少し上部に照明器具を設置すると、照明がミラーに反射してとても綺麗に映ります。照明のシェードをステンドグラスにすると、より一層灯りが鮮やかになって玄関の空間を美しく演出してくれます。ちょっと空いたスペースにフェルトでできた鳥かごを吊せば、小さなものの収納にも使えます。

B-2
10.07㎡
B-1
12.29㎡
UB
WM
Living
Dining
R
B-3
8.9㎡
B-4
9.95㎡
WC
SB
ENT

BEFORE

AFTER

ベルダソファ GR 65,000円
／東谷（GONGRI）
レトロスタイル
棚付テーブル SR
15,800円／佐藤産業（GONGRI）

リーセ　ペンダントランプ
22,000円
／ディクラッセ（GONGRI）

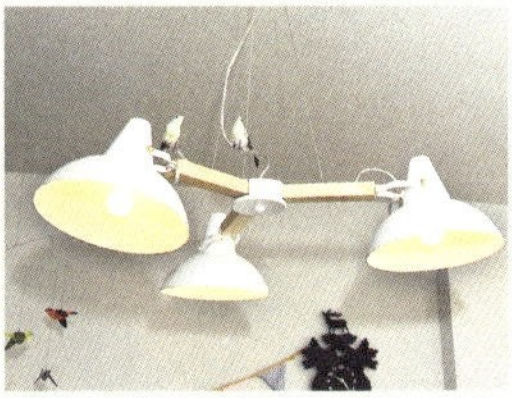

壁紙

リビングのコンセプトと同じく、好きなものを大胆に使うセレクトをしています。空間が違えば、寒色系と暖色系にこだわる必要はありません。大柄を使うときの注意点は、全部の面に張らないことです。4面張る場合は腰の高さを基準に上か下、床から天井まで張りたい場合は多くても2面までに抑えたほうがよいでしょう。あとは、大柄1面とその模様に合った無地の色壁を、残りの3面に配置する方法もあります。

家具

リビングの壁紙に使われている明るいグリーンに合わせて、グリーンのソファにしました。ソファ下のラグは大胆にコントラストの強いジグザグ模様を選び、模様と模様の掛け合わせを楽しみます。

雑貨

テレビの上部にシカのぬいぐるみのアニマルヘッドを設置し、首に造花を巻いています。また、ブラックの鉄製の時計にもシカのモチーフが使われているので、色や素材が違っても統一感が出ます。

「ムーンパイ」のパネルはアンティーク風のプリントですが、このプリントがあるだけで全体の雰囲気ががらっと変わります。その周りにカラフルな布を使ったガーランドと、鳥のモビールを下げています。鳥のモビールは、エアコンの風や人が通ったときの微弱な空気の動きに反応してゆっくりと動くので、かわいい鳥の表情が日々の癒やしを与えてくれます。

ティファニーランプシェード
フラワー 7,200円
／秋月貿易（GONGRI）

FRENCH MIRROR（L）
13,000円
／スパイス（GONGRI）

オウレット
フクロウのオブジェ
各816円／GONGRI

Felt Bird House ブルー
1,800円／GONGRI

シー クレットボックス
ヒストリーノーベル WH・BR
（S）1,400円
ヒストリーノーベル DRD（L）
2,400円／GONGRI

ウォールクロック・
シルエット 4,900円
／つるや（GONGRI）

C

RICCA
MUSASHI KOGANEI

Natural Style

ナチュラルスタイル

Good

ナチュラルウッドの柔らかい雰囲気を活かして、葉っぱや鳥のモチーフを使いました。床はオーク材の無垢フローリングのヘリンボーン張り、淡いグリーンに葉っぱモチーフの壁紙を大面に配置し、収納棚を設置。模様が派手ではないので、デコレーションを楽しむことができます。扉は壁紙のグリーンを少し薄くした色で、使い込まれたような風合いを再現するエイジング仕上げをしています。

玄関

オーダーメイドタイルの模様と、アンティーク風ウィンドウミラーの組み合わせが素敵です。玄関に大きなミラーをかけると、毎日のお出かけがより楽しくなります。また、お部屋が明るくなるので、ワンポイントで入れても良いですね。お気に入りの小物やキャンドル、香水などを飾って楽しむのも。

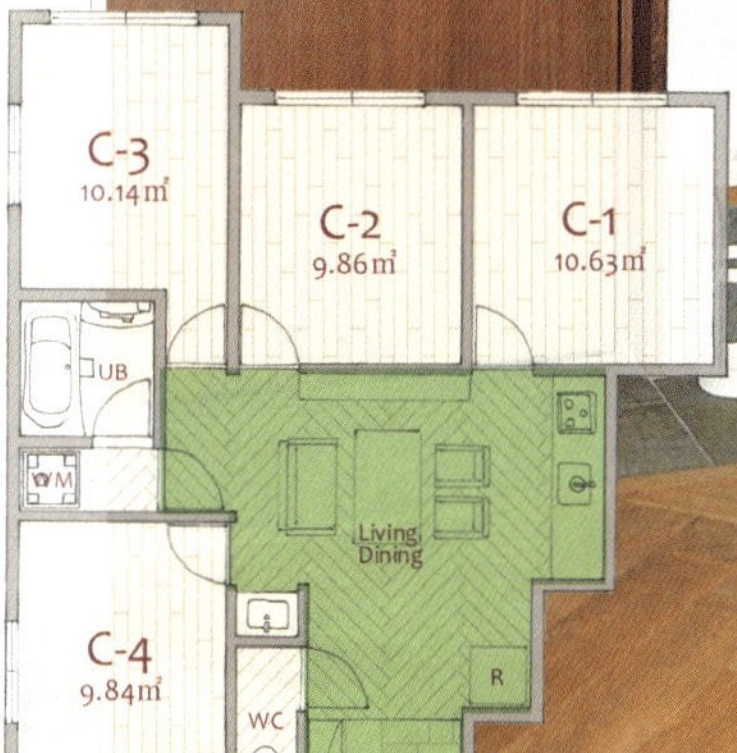
C-3
10.14㎡
C-2
9.86㎡
C-1
10.63㎡
UB
M
Living
Dining
C-4
9.84㎡
WC
R
SB
ENT

BEFORE

AFTER

1 リズ　一人掛けソファ GR　30,000 円
2 リズ　二人掛けソファ GR　51,000 円
モタ　ダイニングテーブル　36,000 円
／東谷 (GONGRI)
3 アウロ M　ペンダントライト　11,000 円
／ディクラッセ (GONGRI)

壁紙

壁紙の色は、必ずしもリビングの色と合わせる必要はありません。草や木の自然のモチーフを合わせています。自然のモチーフの壁紙はアースカラーのものが多いので、全体的に柔らかな落ちついた様子になります。

家具

床の色と合わせて、ナチュラル色ウッドの家具をセレクトしました。座面は壁紙より彩度の高いグリーンを選ぶと、配色の差を楽しめます。テーブルを挟んで片方はベンチ、片方はひとりがけを2脚、椅子の配置を変更することによって、いろいろな使い方ができます。

ダイニングテーブルの上部中心には、柔らかい光の照明器具を取りつけます。こちらの照明器具は、乳白色のシートをふわっと曲げてシェードにしたもので、折り重なるシートの陰影がとても綺麗です。

雑貨

ソックスモンキーや馬の人形をワンポイントにして、可愛らしさを引き出しました。テレビ上部の飾り棚には、樹木モチーフのアイアンフレームや、シカのアニマルヘッドを用いています。ダークブラウン、グリーン、ナチュラルウッドの組み合わせで小物を配置するのがオススメです。

クッションなどのファブリックも壁紙と同じ葉っぱのモチーフにして統一感を持たせたり、家具や小物の色と同色のクッションカバーを使うと一体感がぐっと増します。

右：リサイクルウッドボキャブラリー
980円／GONGRI
左：アイアンツリー 1,700円
／GONGRI

右：ジョリーマルメゾンボトル
各635円
左：ガーデンナンバーバケツ（S）580円
／GONGRI

JW ウォールブラインドミラー
8,800円／GONGRI

リス小物入れ　1,800円
／GONGRI

RICCA
MUSASHI KOGANEI

D French Style

フレンチスタイル

フランスにある一戸建てのようなシックな雰囲気に仕上げました。白いヘリンボーン張りの床には、アンティーク調のブルーグレーのダマスク模様の壁紙がとても良く合います。さらにブルーダマスク柄と光沢のあるストライプを合わせることにより、高級感が出ます。

玄関

アンティークの窓を壁面に配置し、その下に収納棚を設けました。天板には柔らかい配色のオーダーメイドのタイルを張り、ライトグリーンのラナンキュラスを花瓶に挿して。白い小物たちが光と影を演出してくれます。石膏像のミニチュアに造花を巻き付けると、スケールの違いを楽しめる小物の組み合わせが出来上がります。

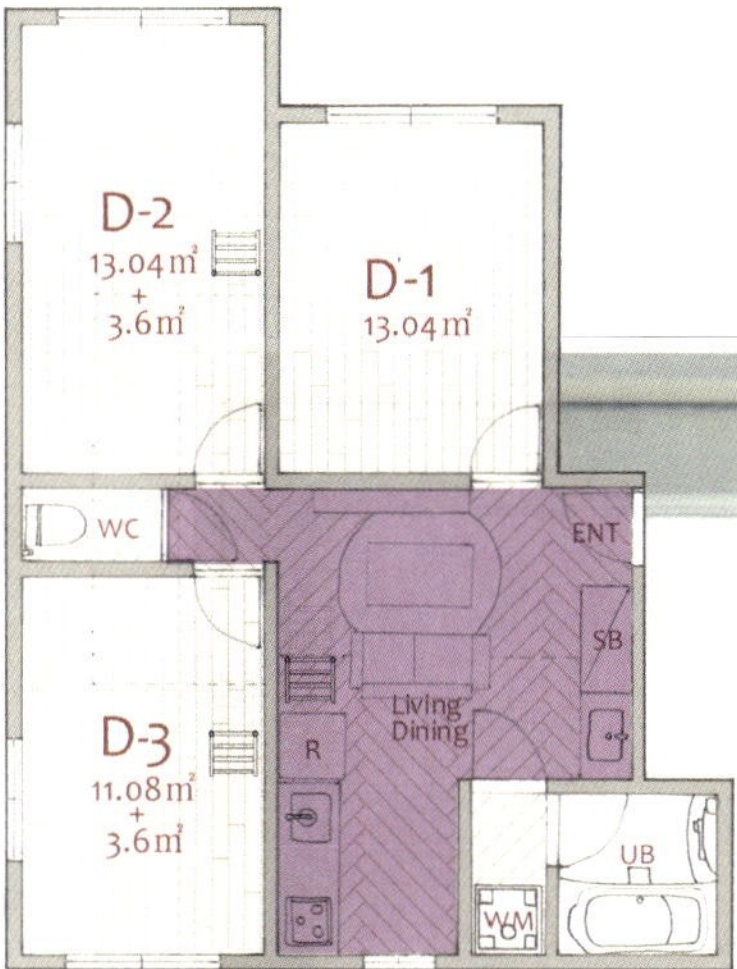
D-2
13.04㎡
+
3.6㎡
D-1
13.04㎡
WC
ENT
SB
Living
Dining
R
D-3
11.08㎡
+
3.6㎡
UB
W.M

BEFORE

AFTER

二人掛けレトロソファ BR
56,800円／サカベ（GONGRI）

一人掛けレトロソファ BR
42,800円
／サカベ（GONGRI）

壁紙

アンティークな雰囲気の、使いこまれた風合いのシャビーシックなセレクトです。彩度の低いブルーグレー系とグレージュ系を中心にしています。アンティークのダマスク柄とストライプは、無敵の組み合わせです。

家具

ブルーグレーのダマスク模様は、男性も女性も親しみやすい色合いです。

リビングのポイントになるラグは、アンティークラグのパッチワークプリント柄です。そこにミッドセンチュリー系のひとりがけと2人がけのお揃いのソファを配置して、統一感を出しました。

上：ラビットフック　1,800円
下：レターラック　1,200円／GONGRI

右上：ヴィーナスバンク WH　1,800円
／GONGRI

雑貨

壁紙、ラグ、ピクチャーフレーム、ドアなどがエイジング加工でかすれた素材感を出しているので、クッションなどのファブリックで光沢感を一部出すと、メリハリが生まれます。

1 サイのアニマルヘッド　7,800円
2 シークレットボックス　ヒストリーノーベル WH（S）1,400円
3 マガジンホルダー SL　2,000円／GONGRI

E

RICCA
MUSASHI KOGANEI

Café Style

カフェスタイル

OLD
No7
BRAND

大きなキッチンを囲む、コミュニティスペース。長いリビングの奥には特注の家具が天井まで伸びています。キッチンの周りにはアンティークウッドのカウンターを設置し、側面には特注のジグザグ模様のタイルを、上部の下がり壁はサイケスグリーンのチョークボードペイントで。床はウォルナットの無垢のヘリンボーン材、壁面にはモスグリーンにゴールドの繊細なダマスク模様が入っている、シックな壁紙をチョイスしました。

キッチン

カウンター壁面のオーダーメイドのジグザグタイルがとっても個性的です。カウンターの木材はアンティーク加工されたウッド、脚にはアンティークのテーブルなどに使われている材料を用いました。カウンター上部の壁面はチョークボードになっていて、黒板のように直接チョークなどで絵や字が書けます。チョークボードの下部には飾り棚が設置してあり、これからお酒のボトルや記念の品が並んでいくことでしょう。

OLD
No7
BRAND

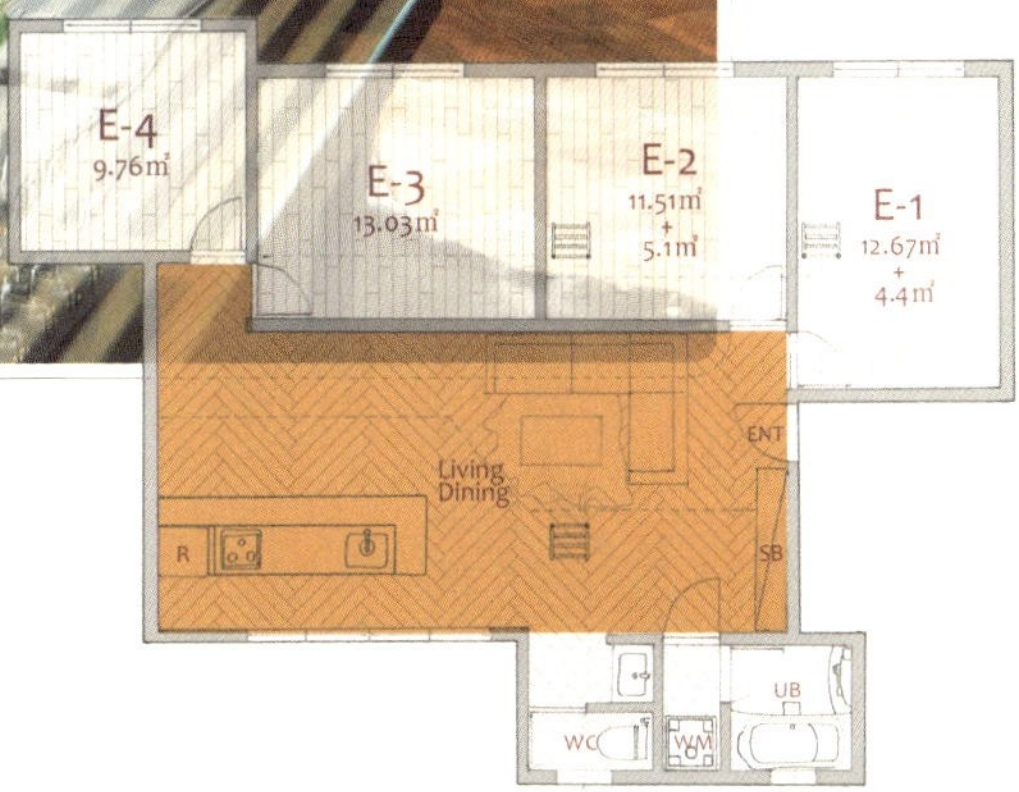
E-4
9.76㎡
E-3
13.03㎡
E-2
11.51㎡
+
5.1㎡
E-1
12.67㎡
+
4.4㎡
ENT
Living
Dining
R
SB
UB
WC
WM

BEFORE

AFTER

L 型ソファ 122,300 円
アッシュウォルナット テーブル 27,300 円
／ニトリ

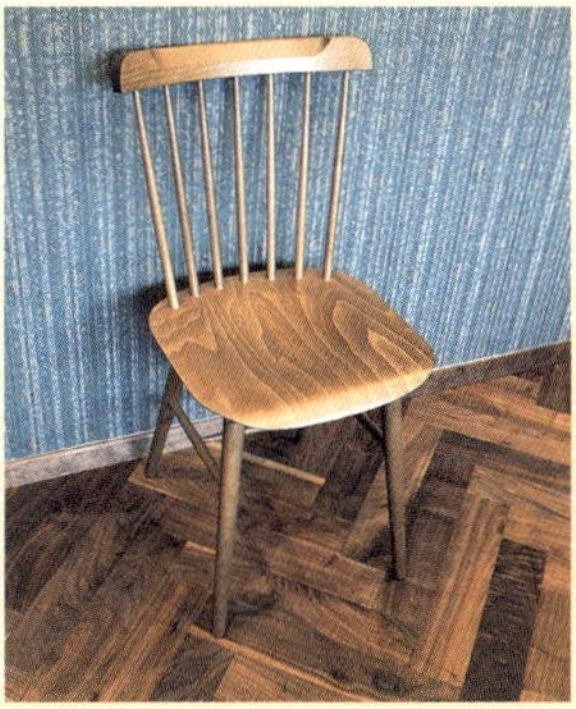

ダイニングチェア 18,800 円
／川口タンス（GONGRI）

壁紙

落ち着いた大人のイメージの壁紙をセレクトしました。コントラストが強くても、モノトーン調のシンプルな配色で色の彩度が低い組み合わせなので、シックな雰囲気が演出されます。大柄のゴージャスな雰囲気に是非トライしてみて下さい。

家具

大きなリビングには、空間の大きさに負けない大きなソファを見つけることが大切です。組み合わせによって、壁に沿わせて一列に長くもできるし、コの字型に囲めます。大きなソファの上には大きさや色、形状の違うクッションをたくさん置いて組み合わせを楽しみましょう。

雑貨

リビングの大きな時計がポイントです。空間が広いので、小さな小物はかなりインパクトが強くないと目立ちません。差し色を入れてポイントにするか、空間に合った大きさのものを選ぶようにしましょう。あとは、一つひとつは小さくてもまとめて配置することによって大きく見せることもできます。

クロコダイルブックエンド
5,700円
／つるや（GONGRI）

カフェラージクロック
8,400円
／コベントガーデン
（GONGRI）

ホオジロと鳥かごセット
3,300円／GONGRI

仲良しご夫婦の塩コショウ入れ
各680円／GONGRI

KOLDBY　カウハイド
24,900円／IKEA

子供の置物　トゥッティ
1,800円／GONGRI

F

RICCA
MUSASHI KOGANEI

Girly Style

ガーリースタイル

ガーリーといえば、やっぱり花柄とピンクです。大柄の花模様とピンク色は少し彩度の低いものにすることによって、柔らかさのある落ち着いた空間になっています。扉と床はホワイトのエイジング仕上げです。床は無垢オーク材のヘリンボーン張り。キッチンの面材はピンクの壁紙と同等色のレッドをチョイスしました。

玄関

玄関収納棚上部に配置したオーダーメイドのタイルと、白くエイジングしたドアがよく合います。ステンドグラスの壁面にお気に入りのベリーのプレートをかけ、その近くにベリーの造花を配置しました。

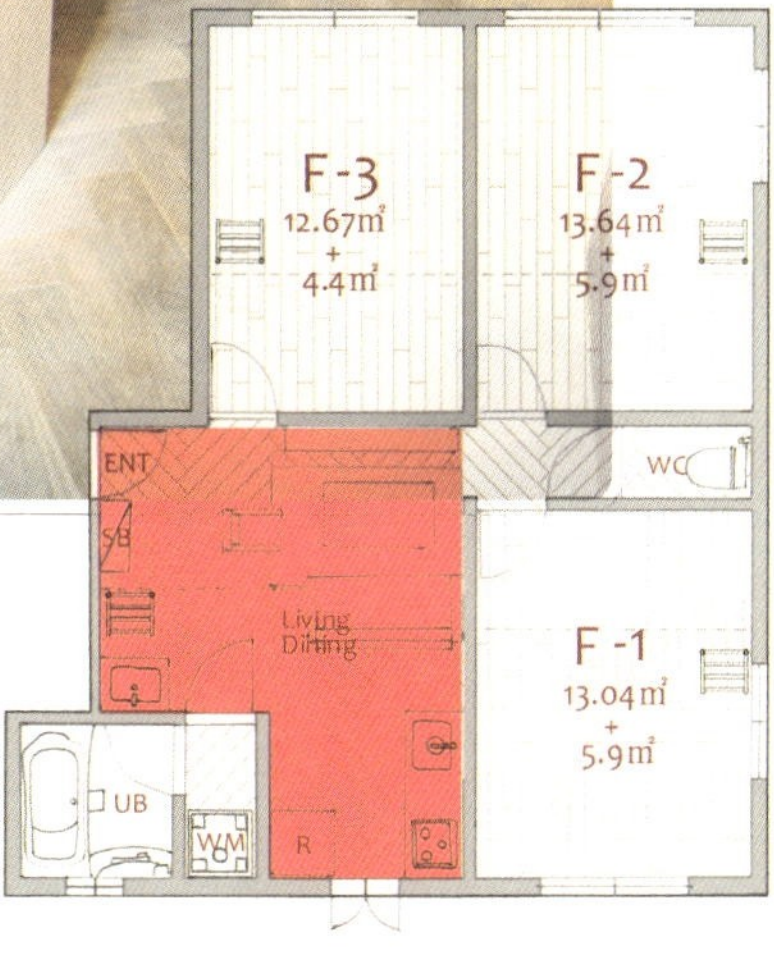
F-3
12.67㎡
+
4.4㎡
F-2
13.64㎡
+
5.9㎡
ENT
WC
SB
Living
Dining
F-1
13.04㎡
+
5.9㎡
UB
WM
R

BEFORE

AFTER

1 ガラスキャビネット
28,000円／カルナック（GONGRI）
2 ソファRD　47,000円
3 ブロッサム　コーヒーテーブル
45,500円／東谷（GONGRI）

壁紙

花柄の壁紙は、小さなものから大きなものまで様々です。花がモチーフのダマスク柄もあります。甘い雰囲気の模様を楽しんで。模様が大きくても、コントラストが強くなければ派手になりません。色のコントラストの代わりに、光によって模様が浮き上がるラメや光沢のあるものを選んでも楽しめます。

家具

赤いソファとローズ模様のホワイトベースのエレガントな壁紙、その横の淡いピンクの壁紙がよく合い、女性らしさを演出できます。

雑貨

ラビット、ベリー、ローズと、女性が大好きなモチーフを散りばめています。プレート、陶器の置物、鉄製のフック、壁紙の模様など演出する部分はそれぞれですが、統一感が出ます。

テレビ上部の飾り棚には、ダークパープルのラナンキュラスの造花を花瓶に入れてポイントに。

エイジングしたドアに付けたラビットのアイアンフックにアイビーの造花リーフをかけると、さらに可愛らしさが出てきます。

1 ルリエフォトフレーム BL　1,800 円
2 アガットプチフォトフレーム 980 円
3 ピギーバンク PK700 円／ GONGRI

ラビットフック　1,800 円
／ GONGRI

コンソール　15,000 円
／東谷（GONGRI）

ナンバーフック　750 円
／ GONGRI

Chapter3

DECORATION デコレーション

—インテリアのコーディネートやDIYの話—

服を選ぶようにインテリアもコーディネートできたら、
毎日はもっと楽しくなります。
好きなものを並べて飾って、
空間を生かすポイントを少しずつアドバイスしています。
ちょっとしたコツで、あなただけの素敵な空間が
簡単にコーディネートできます。

GON《ゴン》GRI《グリ》のこと

2012年の中頃から、吉祥寺の事務所が狭くなってきたので引っ越し先を探していました。そのときに住んでいた家が西荻窪駅から北に10分程の場所にあったこともあり、また、西荻窪の街がとっても好きになっていたので、次の拠点は西荻だね、と夫と話していました。

2012年の11月頃、西荻の不動産屋を片っ端から見て回ったので、その当時賃貸に出ていた事務所や店舗はほとんど把握していたと思います。のめりこむと、はまってしまうタイプ。やっぱり一点集中型なんですね。

事務所に必要な面積は40㎡分で、いいなと思う物件は60㎡や80㎡でした。広い物件を借りるためにはどうすればいいのか、と考えて思いついたのが雑貨店を始めることでした。ちょうど内装材料の在庫を収納するための倉庫を借りないと、と考えていたのですが、倉庫にしまうくらいならお店にしてしまえばいいと…。物件探しは面白いもので、悩んでいるうちに誰かが決めていってしまう。その誰かも私と同じように、何かの事情で物件探しをしているので、同志

なわけです。実際、物件探しをしていた時期に空き店舗になっていたお店が、今はレストランや雑貨店になっているので、応援してしまいます。

そうして迷っていたところ、今の事務所に出会いました。内覧して即、決定でした。半分を事務所にして、もう半分を倉庫兼雑貨店にプランニングしました。自分用の物件の楽しいところは、試してみたかったデザイン建材を試せること。床には青い派手なプリントのフロアを。壁には真っ赤なペイントを……。

ゆっくりつくって、無事3ヵ月後にDIYショップ「GONGRI」はオープン。初めてのお客様がいらっしゃったときは感動しました。もっとたくさんの方に楽しんでもらえるように、むふふとなる商品を増やしていきたいと思っています。

商品の輸入元や製造地は様々です。イタリア製のものもあるし、インド製のものもあります。

選ぶポイントは簡単です。「私が好きなもの」。あとは高価でないこと。たくさん貯金をして買う一生物のアンティーク品も私は大好きですが、いきなりたくさんは躊躇してしまいますよね。最初はレプリカでもいいのではないでしょうか。ちょっとずつ味わいのあるものを集めていって、いつかは世界にひとつしかない自分のお気に入りを手に入れるのも素敵です。

GONGRIの商品が誰かのお気に入りの始まりになってほしい、という想いで商品を選んでいます。私がDIYの商品を集め始めたきっかけは、海外旅行でのショッピングです。職業病なので、どこへ旅行しても建材や仕上材、インテリアが気になってしまい、そればかり見ています。古いレストランで食事をしても、壁を触ったり、床の写真をたくさん撮っていたり、天井ばかり見ていたりするので、店員さんには不思議な顔をされてしまいます。

取手
300円～

チェストや収納扉の取手。
裏にはネジがついているので、
くるくるっと回して付け替えれば完了！

チョークボードシート
2,100円

冷蔵庫や扉、家具など
どこにでも張りつけ可能なシートです。
色の種類が多いので、
お部屋の雰囲気に合わせて
チョイスできます。
簡単に切れるシートなので
分割して使ってもいいですし、
星形、雲型にしてお子様と楽しんでも。

アニマルフック
800円～

玄関扉や洗面所の壁面、
リビングの柱やキッチンの扉、収納家具の側板、
どこにでも取りつけ可能です。

小枝フック
400円～

壁や柱にこの小枝フックをつけると、
一気にナチュラルな仕上がりになります。
何もかけなくても大満足のかわいいフックです。

壁掛けツバメ
1,000円〜

がびょうでもかけられる壁掛けのツバメ。
３色で大きさも２種類あるので、
たくさん群れになって飛んでいるように
壁にかけてもいいし、
一羽だけでも存在感のある商品です。

タッセル
1,200円／m〜

GONGRIのタッセルは手芸用ではなく、
インテリア装飾用のものです。
ヨーロッパのホテルのカーテンの上部に
ついているようなものと同じです。
３０センチ単位で切って販売しています。

糊付きシート
1,000円〜

古くなったカラーボックスや
汚れてしまった椅子の脚に、
リメイクシートとしてオススメしています。
別々に買った机と椅子を
このシートでリメイクすれば、
お揃いのセットに変身します。

私は海外に行くと、その地域のホームセンターと大きなスーパーマーケットに出かけます。その国の日用商品が販売されているからです。モールディングの補修材やモザイクタイルなど、日本の一般的なホームセンターでは売っていないものが手に入って面白いのです。

あとは、職人さんのマーケットへも足を運びます。面白かったのは上海。東京ドーム何個分もの広さの建材市場があります。中国語が喋れても、業界の決まった交渉術を知らないと商品を現地の通常価格で購入できません。上海で仕入れをしたときは現地の交渉人と一緒に巡りました。

また、ＮＹに行ったときは、トラベラーズチェックを全部持って壁紙屋さんを訪れました。ほしいものがたくさんありすぎて、金額を確認しているうちにこのトラベラーズチェックを全部使ったらどれだけ買えるかなと、悪魔のささやきが…。結局買えるだけ買って帰って大満足。壁紙屋の店主のおばあちゃんが「信じられない、今日本の女の子がお店の商品を買い占めちゃうわ！」と話していました。帰りの飛行機で配送費別料金の枠を超え大変だったのですが、その量を買ってきたと知った、夫の説得も大変だったのでした…。

Interior Coodinate 1

バスルーム

バスルームでは、基本のカラーを決めることが大切です。

シャンプー、コンディショナー、ボディーソープにフェイスウォッシュと、数々の容器が並びますよね。市販のものは容器に宣伝文句が入っていたり、色とりどりで統一感がありません。そこでポイントになるのが、中身の詰め替え。一度素敵な容器を買ってしまえば、あとはな

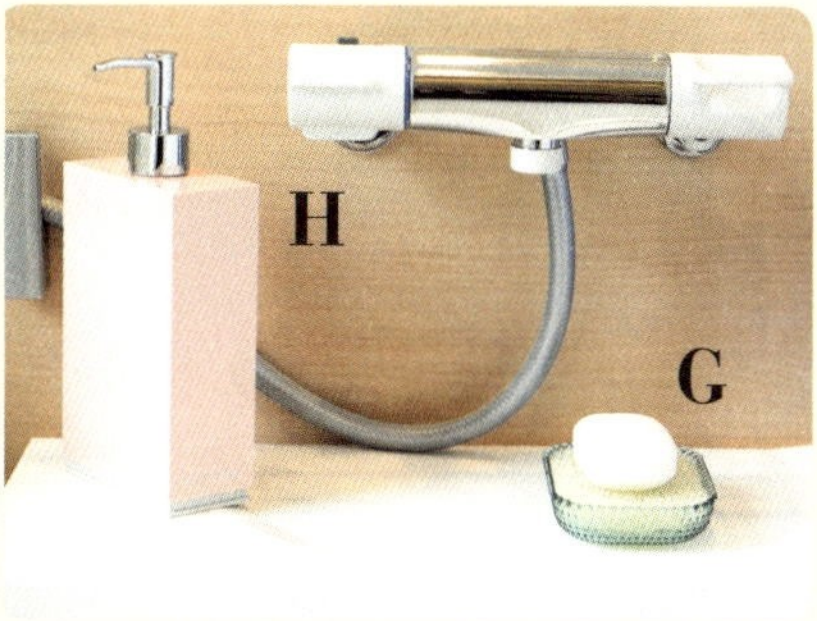

G ソープディッシュ 300円／3COINS
H ボトル 1,500円／LOFT

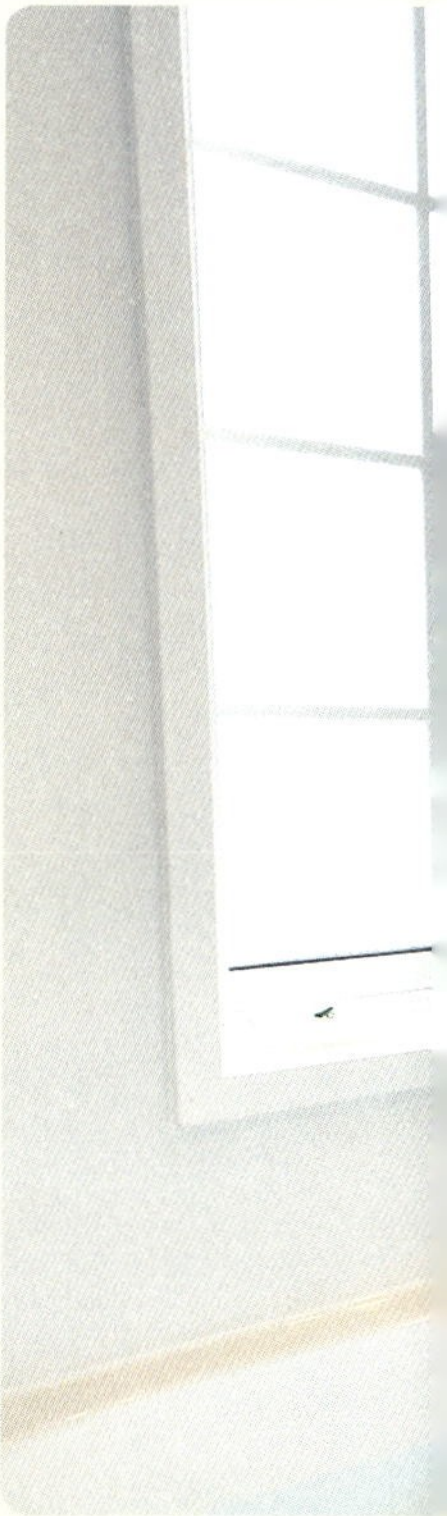

A シャワーヘッド 1,790円
B フック 600円／LOFT
C 造花 1,580円／GONGRI
D ボトル 1,300円／LOFT
E 造花 120円
F ボトル 470円／GONGRI

くなったらその都度詰め替えればよいのです。最近は、広告の少ない市販品も増えました。表のシールなどをすべてとってしまえば、シンプルで素敵になります。

あとは、グリーン。でも、観葉植物は土がついているし、湿気に強いものを選ぶとなると制限がありますよね。そこでポイントになるのが、造花です。最近の造花は本当によくできていて色落ちしないものも多いのでオススメです。お風呂では、接着剤や釘、がびょうなどが使えないので、吸盤のついた収納小物が活躍します。

Interior Coodinate 2

キッチン

調理道具などはすべて収納できればもちろんそれが一番ですが、キッチンの大きさや広さなどから叶わないことも多いですよね。毎日使うものをその都度見えない場所にしまうのは面倒、というときは、見えてもいいようにデコレーションしてしまいましょう。

まずは、壁面にロングバーを設置して壁面収納ができるようにしま

す。シンク側には食器を乾かすプレートを。洗った食器も天板にのせるのではなく、壁面にかけるとすっきりして見えます。コンロ側には、フライ返しやおたま、調味料入れなどをかけると便利です。

そして、吊り戸棚に引っ掛ける棚も大活躍です。棚は東急ハンズやロフト、インターネットショップなどで数多く取り扱いがあるので、簡単に手に入ります。ワイングラスかけ、ラップホルダー、カップホルダー、ふきんかけ、様々な用途のものがあり、賃貸でも設置できるようすべて引っ掛けるだけで使えます。シンプ

A おたま 850 円、フライ返し 850 円／ LOFT
B ワイヤーラック 300 円／ 3COINS
C タオルハンガー 900 円／ LOFT
D 造花 500 円／ GONGRI

ル好きな人には向かないかもしれませんが、デコレーションを楽しむのであれば是非チャレンジして下さい。

色を揃えるのはなかなか難しいですが、基本カラーを定めることで統一感が出ます。今回は、赤とピンクで明るいキッチンにしました。壁面が古いタイルなどで明るくならないといった悩みがある場合は、キッチンシートを是非ためして下さい。3コインズなどのお店で手に入り、耐熱のアルミシートなので安心です。今回は赤い花の模様を用いましたが、様々な模様が選べます。リー

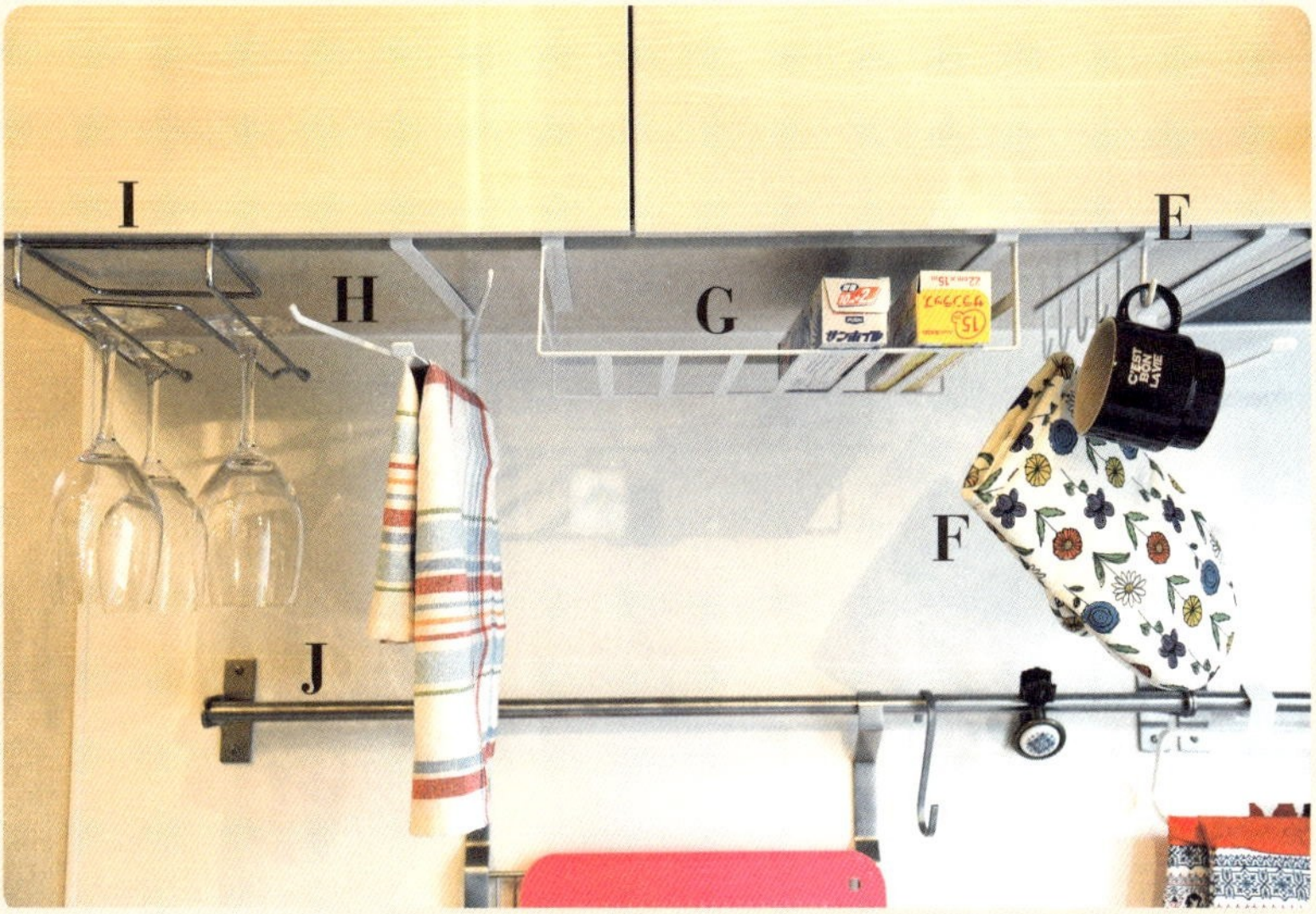

E 吊り戸棚下収納フック 1,000 円　F オーブンミトン 1,000 円
G 吊り戸棚下収納ラック 2,000 円
H 吊り戸棚下タオルハンガー 900 円
I 吊り戸棚下ワイングラスホルダー 1,200 円／ LOFT
J ブラケットハンガーパイプ 999 円／ IKEA

ズナブルなうえ汚くなったら張り替えて模様替えできるので、とっても衛生的です。

K ボックス　300 円　L バスケット　300 円
／ 3COINS

Interior Coodinate 3

トイレ

トイレは収納力が大切です。また、来客時にも気を遣う場所なので、いつも誰にでも心地よく素敵に使ってもらえるポイントを紹介します。

便器カバー、便座カバーなどは最近嫌がる人も多いので、マスキングテープでデコレーションしてしまいましょう。汚れたらぱっとはがして張り替えるだけなので、洗濯の必要がなくとても簡単です。季節ごとに替えても楽しいと思います。今回はブラックのストライプとモスグリーンのテープを組み合わせて、ボーダーにしました。

また、トイレに入ると一番目につく便器の上部にもお気に入りの写真や絵、ポスターなどをかけて楽しみましょう。掃除用品やペーパー類は直接棚に置かず、なるべく箱に入れます。見せるものと見せたくないものの区別が大切です。

あとは、トイレットペーパーの飾りつけに登場するのが、ハンカチです。使わないハンカチをトイレットペーパーの芯にかぶせて入れると綺麗に包むことができます。

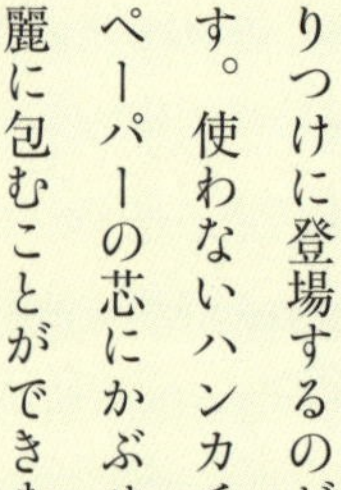

A マルメゾンボトル GR 635 円／GONGRI
B ドットボックス 300 円　**C** シンプルボックス 300 円／3COINS
D キャンバスフォト カフェⅡ 1,000 円／GONGRI
E タオルリング WH 4,400 円／ゴーリキアイランド（GONGRI）
F マスキングテープ：ストライプ・ブラック 50㎜ 600 円
G マスキングテープ：ドット・ブラック 15㎜ 150 円／GONGRI
H ペーパーホルダー WH 6,900 円／ゴーリキアイランド（GONGRI）

A
B
C
D
CAFE DE LA REUNION
E
F
G
H

Interior Coodinate 4

ランドリー

広ければ洗濯物を収納する場所にも困りませんが、賃貸や一人暮らしの部屋だとなかなかスペースはありません。小さな脱衣所や洗濯機の周りは洗濯物と洗剤、掃除道具やタオルなどで埋まってしまいますよね。意外と使われていないのが、洗濯機の上部など。軽い洗剤などであれば、上に置いても洗濯に支障はありません。カゴなどに入れてまとめておくとよいでしょう。

洗濯物は足元に置くと目線に入ってしまうので、洗濯機の上部に吊ってしまうと便利です。洗剤や柔軟剤について、最近は市販のものでも容器が素敵なものが多くなっているので利用するとよいと思います。普段よく使うものは、キッチンと同様吊り戸棚に引っ掛けるタイプの収納ケースを用いるとさらに便利です。

ワンポイントに造花の一輪差しを洗剤収納と一緒に入れておくと、空間が映えて素敵です。

A・B・C バスケットボックス 300円／3COINS
D 吊り戸棚下収納ラック 2,000円／LOFT
E キッチンタオル 300円
F ランドリーバスケット 300円／3COINS
G キャンバスフォト・メトロ 1,300円／GONGRI

A
B
C
D
E
F
G
Panasonic

Interior Coodinate 5

造花の使いかた

インテリアのコーディネートをするとき、グリーンを飾りつけするとポイントになりますよね。せっかくの生きている植物を過酷な場所で無理に育てるよりも、メンテナンスフリーの造花がオススメです。造花なので、少しの熱や乾燥、湿気、そんなのへっちゃらなのです。

造花って、プラスチックで陳腐なイメージなんだけど…と思っている方、それはもう昔のことです。造花業界もすごく進歩し、最近では本物と見分けがつかないほどリアルになり、種類も豊富です。

アニマルヘッドのネックレスのようにあしらっても素敵だし、照明器具に巻きつけて、または照明の近くにデコレーションして影を生み出しても素敵です。蔦、リース、ブーケなど様々な商品があります。

左：シュガーバイン 1,580 円
中：ワイヤープランツ 540 円
右：グリーンネックレス・バイン
360 円／ GONGRI

Wall Decoration

1 写真などを飾るとき

写真やパネルなどを壁に飾る場合、大きなもの、長いものはできるだけ低い位置に飾ると重心が下がるので部屋が広く見えます。部屋のインテリアや大型家具も重心を低く設定することを心がけると、ぐんと雰囲気が変わります。壁面に何枚か絵やポスター、写真などを飾る場合は、それぞれのバランスを見ながら設置しましょう。

取りつけは、がびょうを壁面につけてそこにポンとかけるだけです。ここで気をつけないといけないことは、それぞれの形状が違う場合は上下左右を揃えずに配置することです。すべて大きさが同じものであれば規則正しく縦横合わせて設置するのも素敵ですが、ランダムに設置する方が増やしていく楽しみが生まれます。

足りなければどんどん飾って、自己流のデコレーションを楽しんで下さい。

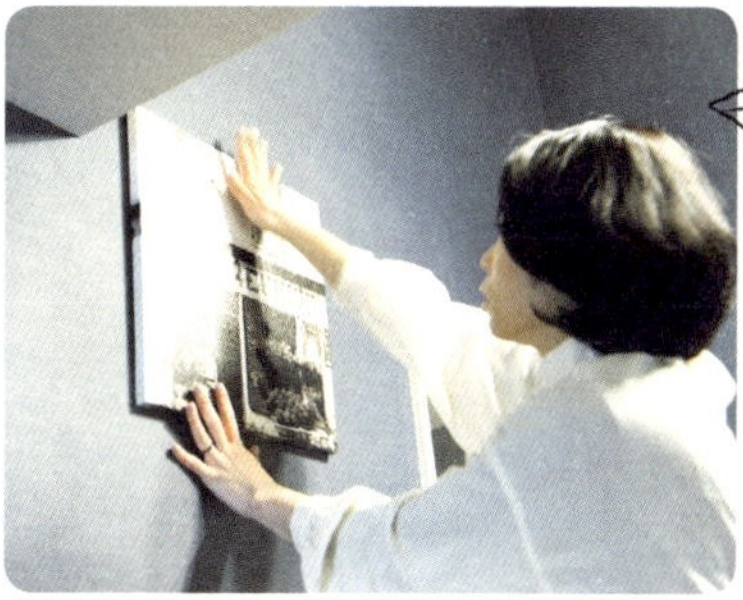

Wall Decoration

2 デコシールを使う

張るだけ簡単、デコレーションのカッティングシートです。透明フィルムに模様がついているので、ひとりでさっと張ることができます。そのままでもいいけれど、ハサミで模様を分解して組み合わせるとオリジナルの模様になります。このカッティングシートの良いところは、最後にクリスタルシールを張って2度楽しめること。なかなか、クリスタルシールが一緒についているセットはないですよね。冷蔵庫だけでなく、キッチンの面材などに繋げると統一感が出て、華やかな印象になります。

WALL POPS!
1,500円／GONGRI

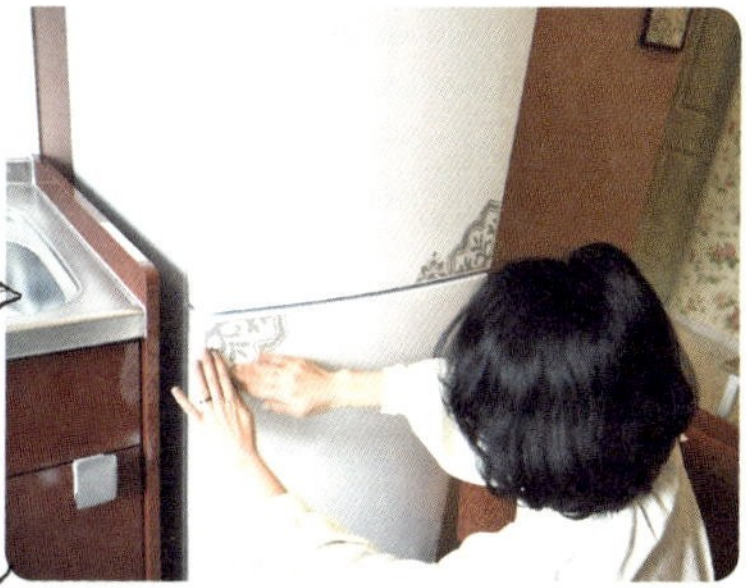

Wall Decoration

3 上級者編

アイアンでできているハットフックを取りつけます。写真のように、ストールかけとして使うのもオススメです。壁にビスを打って取りつけるので、持ち家やＤＩＹ可能な賃貸の方は是非試してみて下さい。

まずは、下地があるかどうかを確認します。多くの壁はプラスターボードという石膏系の板が使用されています。プラスターボード面はビスを打っても取りつけられませんが、細い柱がある部分は可能です。柱の位置を探すための道具が、「下地探しどこ太」。壁に針を刺して下地があるかを調べる道具です。センサー式のものもあるので、インターネットなどで探してみて下さい。

最近は、壁をほとんど傷めずに耐力もあるホチキスどめの金物など便利なグッズが多く、ベルメゾンなどの通販などでも販売されています。

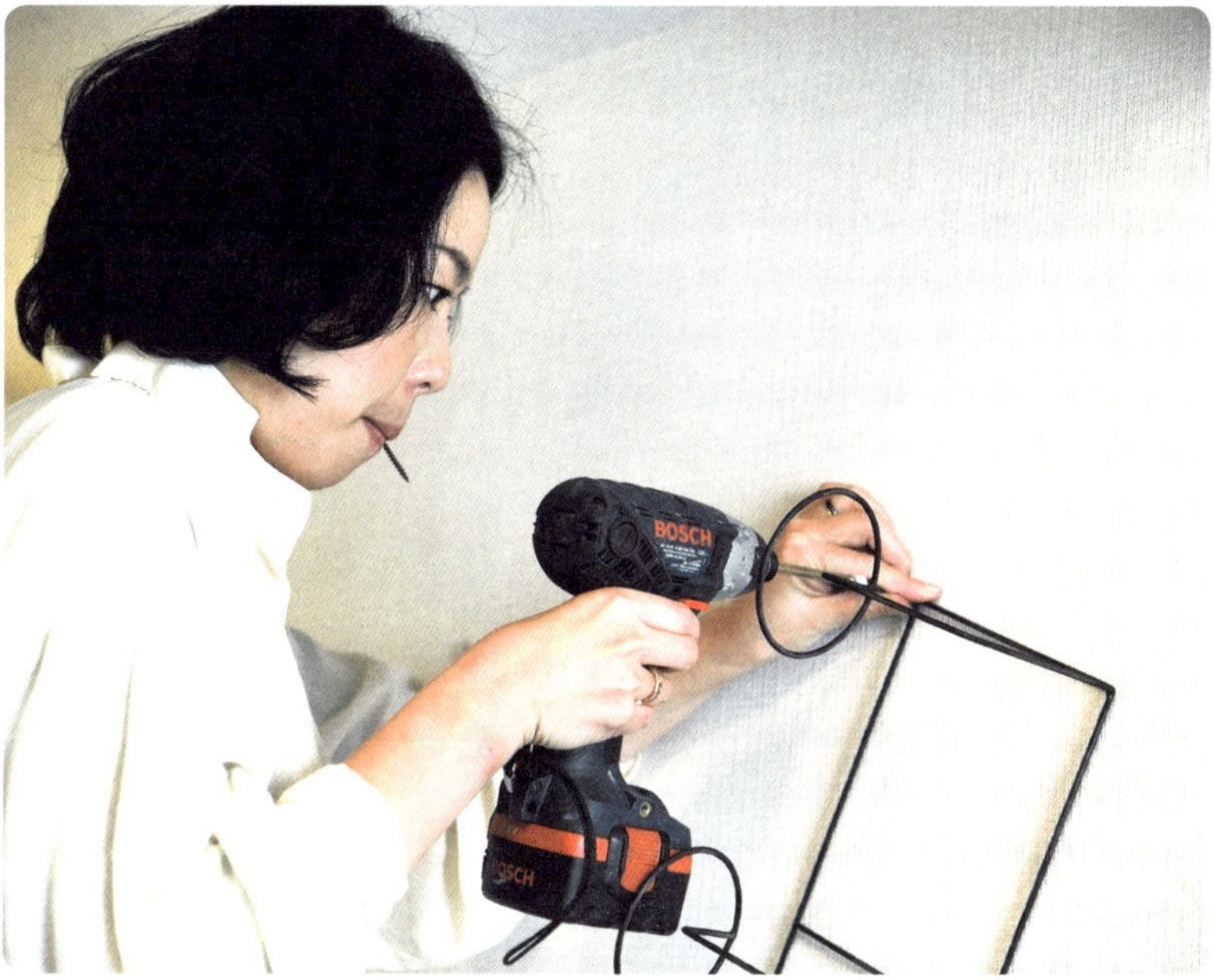
BOSCH

1 収納棚壁紙張り

家にある棚などに壁紙や布を張るだけで、ガラッと雰囲気が変わります。今回は、アンティークの収納棚を使い、奥の面に輸入の壁紙を張りました。

①手順はとても簡単で、壁紙を奥の面の大きさに合わせて切って張るだけ。不安な人は、両面テープやがびょうを使えば失敗しても家具を傷めないので安心です。

②壁紙はモスグリーンの鳥の模様と、白地に淡いピンクのペイズリー模様を使いました。何種類かの壁紙を使い分けて、組み合わせてみても。

③奥面の壁紙だけでなく、タイルの接着もしました。薄いモザイクタイルなら、接着剤でも大丈夫なので簡単です。

2 モザイクタイルテーブル

自宅にあるアウトドア用のアルミのテーブルが古くなっていたので、サンプルのモザイクタイルを張ってみました。

①今回はたくさんの色で構成しましたが、購入して接着する際は同系色でも、何色かで模様をつくっても。

②テーブルが四角い場合は、隅から張っていきます。今回は丸テーブルなので、少しずつ小さくなる円周を上手に目地で逃げながら進めていきます。接着剤は、ホームセンターなどで売っているタイル用接着剤を使います。

③2列ずつ、小さなパーツで円弧に合わせて接着剤の上にのせていきます。

④あとはぐるぐる、ぐるぐると同じ作業の繰り返しです。

お天気の良い日におしゃべりでもしながらやるといいですね。

3 ポケットカーテン

カーテンにポケットをつけると、かわいく変身するだけでなく、とても便利に活用できます。

①余った布や着られなくなった服の一部を、ポケット型に切ってカーテンに縫いつけるだけ。大きなポケット、小さなポケット、丸いもの、四角いものと色々な形があるのも面白いと思います。整列させてもいいし、ランダムでも素敵。

②私は子ども部屋のカーテンにポケットをつけて、体温計やクリーム、ティッシュなど毎日使うものを入れていました。カーテンに収納できると、とっても便利。

重いものはカーテンが歪んでしまうので難しいけれど、軽くて小さなもの、特になくしやすいと思うものは、専用のポケットに入れて。

4 雲モビール

余った布と綿があれば、簡単にできてしまうモビールです。

①布を好きな大きさの雲の形にチョキチョキと切って、まわりをチクチクと縫い、中に綿を入れるだけ。

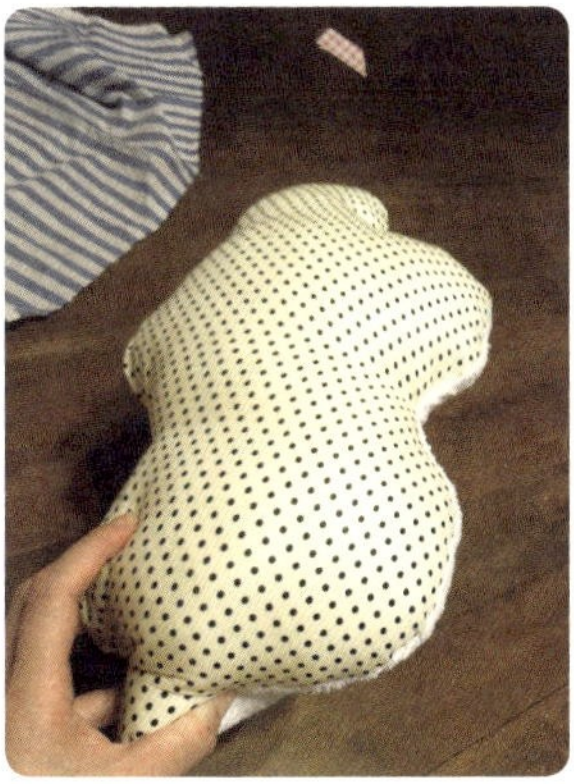

②裏表の模様を変えてみたり、天井から何個か吊るせば楽しげなお部屋のできあがり。

綿をわざわざ買いに行くのが面倒というときは、捨てようと思っていたクッションやぬいぐるみの中身を使ってみては。布も、子ども服やもう着なくなった洋服をリメイクするのも。

5 モールディング

モールディングは、内装仕上げの際に出隅や入隅をおさめる材料です。今回は、2種類のモールディングの色付けをしました。

①ひとつはブルーグレーの色付けをしたあと、凹凸部分の草模様にゴールドの塗料を少しつけます。

②もともと凹凸がついているので、出っ張った部分にだけ布巾に塗料を少しのせ、お化粧をしていくイメージで軽くたたきます。

③もうひとつは、ベースカラーは白の素地ですが花模様の部分のみゴールドの色をくるっとつけます。丸い部分だけの色付けなので、気軽にチャレンジできます。

本物のモールディングは木か石膏でできていますが、今回使ったものは内装用に開発された軽くて安い、発泡ウレタンのモールディング。一本1,500円から5,000円程度で、インターネットでも購入できます。カッターで簡単にカットできる、驚きの材料です。真っ白い状態で納品されるので、表情が欲しい人には色付けするのがオススメです。

6 ランプシェード

こちらのランプシェードは、
夏水組の新入りの女の子がつくってくれたかわいい照明です。
ＩＫＥＡのシェードと、空き瓶を組み合わせてつくりました。

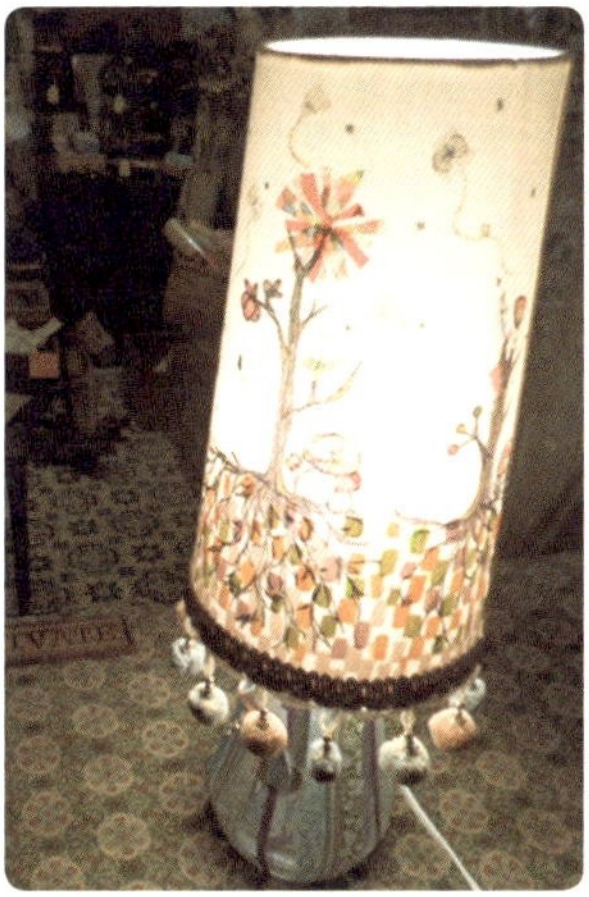

①もともとグレーのシンプルなプリントに、マスキングテープの模様や色を加えて花模様を描きました。

②瓶にもマスキングテープでストライプ模様をつけて、統一感を出します。

③最後に、シェード下部にタッセルをホットボンドでつければ完成。

２～３時間でできあがります。一気に華やかになり、照明の光も幻想的に映ります。

7 テーブルとランプ

夏水組が参加したＩＤＥＥ ＧＡＲＡＧＥのイベントで、無印良品の商品をリメイクする企画に参加しました。シンプルな無印のランプシェードとテーブル。これはこれでとても良いものですが、ペイントとデコレーションを加えて「夏水組的」なカラフルな印象に仕上げました。

テーブル

ほとんどの文房具屋さんで売っている、
丸いシール。小学生の頃に金賞、銀賞、
よくできましたシール、で使われていましたよね。
今回は、保護膜として用います。

①テーブルに、一定の距離でシールを張っていきます。シールの枚数や並べ方で模様がつくれます。今回は、シンプルでかわいい水玉模様に。

②水玉模様にしたい部分にシールをすべて張り、塗膜を接着しやすくするためペイントする面にヤスリがけをします。つるつるした天板には、シーラーという密着剤を用いて下さい。

③ヤスリがけができたらペイントします。今回は明るいピンク色にしました。ペンキが乾いてからシールをはがすと、元々の素地、木部が見えてきます。塗った部分とシールを張った部分の色分けで、模様のできあがり。

ランプ

シェードと台の両方をデコレーションしました。

①台には、プラスチックでできた造花を丸くカットして、ホットボンドで接着します。

②シェードはテーブルと同じく、シールを張ってからペイントをして水玉模様にします。

before

After

③さらにGONGRIでも売っているポンポンタッセルをつけました。ちょうどいい長さに切って、ホットボンドでくっつけていくだけ。台の部分にはドワーフのおじさんも接着します。このドワーフのおじさん、GONGRIでもたくさん売れる人気商品で、ゆらすと「うんうん」とうなずいてくれます。

ナチュラルでシンプルだったテーブルとランプが、
少し手を加えるだけで
こんなにかわいくポップなものたちに
生まれ変わります。

おわりに

昨春のある日、「一緒に本をつくりませんか？」と出版社の編集の方が夏水組のドアをたたいてくれました。それから1年ほど、大学を卒業してから今までの私の時間を振り返る機会をいただきました。

この10年間、毎日は目まぐるしく、あっという間に経過したような気もしますが、今回原稿を書きながら思い起こすと、その時々がよみがえり、うれしい発見がたくさんありました。一点集中で「好き」に向かって走ってきたつもりでしたが、実は一つひとつ、「今」につながっている気がします。そしてそれは、私のまわりであたたかく支えてくれるみんなのお陰なんだなぁと、改めて感じる日々でした。

夏水組のつくった家を選んで下さった方々、リノベーションを任せて下さった方々、職人さんや現場監督さん、リノベーションや工事業界の楽しく集う仲間たち、夜遅くまで頑張ってくれる会社のスタッフたち、いつも厳しくもあたたかく支えてくれる家族。

みんなのお陰で、私はここにいることができます。

本当にありがとうございます。

生活するために欠かせない「衣食住」。洋服を選ぶときに、好みや着心地を求めるように、また、おいしいものを食べるため情報収集をするように、住まいにももっとこだわりを持つことで、生活の豊かさを手に入れてほしいと願っています。

夏水組の想いが、この本を手にしていただいた方へ届けば何よりうれしいです。

２０１４年春

坂田夏水

著者プロフィール

坂田夏水（さかたなつみ）

1980年生まれ。株式会社夏水組代表。
2004年武蔵野美術大学建築学科卒業。
アトリエ系設計事務所、工務店、不動産会社勤務を経て、
2008年夏水組を設立。
空間デザインの他、ブランディング業務や商品企画、
雑貨店・飲食店の運営まで総合的な事業として取り組む。
http://www.natsumikumi.com/

夏水組インテリア・コレクション

2014年4月8日　第1刷発行

著者　　坂田夏水

発行者　清水定
発行所　株式会社けやき出版
〒190-0023
東京都立川市柴崎町3-9-6
TEL042-525-9909
FAX042-524-7736
http://www.keyaki-s.co.jp

デザイン・DTP　ササキサキコ
印刷所　株式会社サンニチ印刷

ISBN978-4-87751-513-3 C0077